21世纪经济与管理精编教材

会计学系列

会计制度设计
(第二版)

Design of Accounting System

2nd edition

唐立新　刘高常　◎编　著

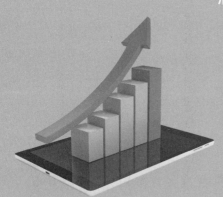

北京大学出版社
PEKING UNIVERSITY PRESS

图书在版编目(CIP)数据

会计制度设计/唐立新,刘高常编著. —2版. —北京:北京大学出版社,2023.8
21世纪经济与管理精编教材. 会计学系列
ISBN 978-7-301-34277-0

Ⅰ.①会… Ⅱ.①唐… ②刘… Ⅲ.①会计制度—设计—高等学校—教材 Ⅳ.①F233

中国国家版本馆 CIP 数据核字(2023)第 141748 号

书　　　名	会计制度设计(第二版)
	KUAIJI ZHIDU SHEJI(DI-ER BAN)
著作责任者	唐立新　刘高常　编著
责任编辑	任京雪
标准书号	ISBN 978-7-301-34277-0
出版发行	北京大学出版社
地　　　址	北京市海淀区成府路 205 号　100871
网　　　址	http://www.pup.cn
微信公众号	北京大学经管书苑(pupembook)
电子信箱	编辑部:em@pup.cn　总编室:zpup@pup.cn
电　　　话	邮购部 010-62752015　发行部 010-62750672　编辑部 010-62752926
印 刷 者	天津中印联印务有限公司
经 销 者	新华书店
	787 毫米×1092 毫米　16 开本　13.5 印张　270 千字
	2012 年 3 月第 1 版
	2023 年 8 月第 2 版　2023 年 8 月第 1 次印刷
定　　　价	39.00 元

未经许可,不得以任何方式复制或抄袭本书之部分或全部内容。
版权所有,侵权必究
举报电话:010-62752024　电子信箱:fd@pup.cn
图书如有印装质量问题,请与出版部联系,电话:010-62756370

第二版前言

随着经济的飞速发展,经济业务日益复杂化,会计受到了各行各业的重视;与此同时,社会对会计人员的要求也在不断提高。会计制度设计作为一门实践性非常强的学科,既能够考核学生的理论知识和实践操作,又能够培养其职业道德素质,提高其专业水平。对于财会专业的学生而言,它涵盖了诸多财会知识,是对此前所学的会计、审计等基础内容的归纳与提升。"会计制度设计"课程旨在培养应用型中高级会计专业人才,使学生能够运用相关方法与技能,遵循国家相关法律与法规,结合单位的实际情况,规范设计本单位的会计制度。学生通过本课程的学习,可以培养思维能力与实践能力。

党的二十大对民营经济、中小微企业给予了高度关注。会计行业作为服务社会经济的重要专业力量,既面临新的挑战,又迎来新的发展机遇。会计行业只有普遍提高专业水准、强化诚信意识、加大人才供给,才能在国家建设中发挥应有的作用。企业会计制度是会计管理工作的一项基础性环节,科学制定企业会计制度是会计人员应当着重研究的问题,这对于加强企业管理具有重要的现实意义。

本书在遵循《中华人民共和国会计法》《企业会计准则》《企业内部控制基本规范(试行)》《小企业内部控制规范(试行)》《行政事业单位内部控制规范(试行)》等要求的基础上,结合冶金、钢铁等行业特色,并广泛吸收最新的研究成果,反映了截至2022年年底的大中小企业及行政事业单位会计制度、会计准则、内部控制的最新要求。

本书共分为十一个章节,分别是概论、会计制度总体设计、会计科目设计、会计凭证及账务处理程序设计、账簿设计、会计报表设计、成本管理设计、内部控制制度设计、会计工作组织设计、会计电算化制度设计、内部稽核设计。本书第二版在修订过程中保留了前一版的特色,力图实现教材体系的完整性、协调性,以便于教师讲授和学生学习。具体而言,本次修订的主要内容有:第一,对第七章成本管理设计加以补充,增加成本计划设计、成本分析设计以及成本控制设计三部分内容;第二,对于第八章内部控制制度设计,在企业内部控制制度设计的基础之上,增加行政事业单位内部控制制度设计和小企业内部控制制度设计两部分内容,方便学生对不同行业、不同岗位的内部控制制度进行对比并补充学习,有助于学生日后更好地运用于实践;第三,对案例进行更新、替换,紧跟时事,将案例与每个章节的重难点内容相融合,增强实践性。

为激发学生的学习积极性,本书在每个章节开篇处设置了"导入案例",方便学生更好地理解每个章节的知识点;为突出各章节的重难点内容,设有二维码进行视频讲解;为帮助学生更好地理解、掌握各章内容,在每个章节后设置了"复习题""思考设计题"和"实验题",以巩固学生的知识。此外,在编写过程中,根据内容需要,本书将一些基础性、拓展性的内容设置了二维码供学生阅读,方便学生回顾知识、思考相关问题。

本书为江西理工大学教材建设项目,在编写过程中得到了江西理工大学的大力支持,在此致以诚挚的谢意。本次修订由江西理工大学经济管理学院唐立新副教授、刘高常副教授完成。编写人员分工如下:第一至第九章由唐立新执笔,第十、十一章由刘高常执笔。唐立新对全书进行了总体设计;刘高常参与了部分校对工作及部分案例撰写工作;江西理工大学2021级MPAcc罗含丹对拓展阅读部分进行了设计,参与了部分校对工作及部分案例、复习题、思考设计题、实验题的撰写工作;赣州恒诚联合会计师事务所钟兆泉、江西理工大学2021级MPAcc刘爽及江西理工大学2021级会计专业张安南、蔡丽等在编写期间反复进行修正及补充,但书中难免存在疏漏之处,诚请读者朋友批评指正。

编 者

2023年8月于江西赣州

目 录

第一章 概论 ··· 1
 第一节 会计制度与会计制度设计概述 ·· 4
 第二节 会计制度设计的任务 ··· 7
 第三节 会计制度设计的原则 ··· 8
 第四节 会计制度设计的程序和方法 ··· 10

第二章 会计制度总体设计 ··· 14
 第一节 总体设计概述 ·· 17
 第二节 设计调查 ·· 18
 第三节 总体设计的内容 ··· 20

第三章 会计科目设计 ·· 23
 第一节 会计科目设计的作用与原则 ··· 27
 第二节 会计科目设计的步骤 ··· 28
 第三节 会计科目的具体设计 ··· 30

第四章 会计凭证及账务处理程序设计 ·· 39
 第一节 原始凭证设计 ·· 40
 第二节 记账凭证设计 ·· 50
 第三节 账务处理程序设计 ··· 53

第五章 账簿设计 ·· 62
 第一节 账簿设计概述 ·· 63

第二节　日记账簿设计 …………………………………………… 63
　　第三节　分类账簿设计 …………………………………………… 67

第六章　会计报表设计 ……………………………………………… 74
　　第一节　会计报表设计概述 ……………………………………… 77
　　第二节　对外会计报表设计 ……………………………………… 81
　　第三节　对内会计报表设计 ……………………………………… 85

第七章　成本管理设计 ……………………………………………… 99
　　第一节　成本管理设计概述 ……………………………………… 102
　　第二节　成本计划设计 …………………………………………… 103
　　第三节　成本核算设计 …………………………………………… 104
　　第四节　成本分析设计 …………………………………………… 111
　　第五节　成本控制设计 …………………………………………… 113

第八章　内部控制制度设计 ………………………………………… 117
　　第一节　内部控制制度设计概述 ………………………………… 119
　　第二节　企业内部控制制度设计 ………………………………… 121
　　第三节　行政事业单位内部控制制度设计 ……………………… 132
　　第四节　小企业内部控制制度设计 ……………………………… 137

第九章　会计工作组织设计 ………………………………………… 142
　　第一节　会计机构设计 …………………………………………… 145
　　第二节　会计人员及其职责设置 ………………………………… 148
　　第三节　其他会计工作组织设计 ………………………………… 153

第十章　会计电算化制度设计 ……………………………………… 158
　　第一节　会计电算化与会计电算化制度 ………………………… 160
　　第二节　会计电算化制度设计的基本依据和原则 ……………… 161
　　第三节　会计电算化内部控制系统设计 ………………………… 162
　　第四节　会计电算化系统维护与管理设计 ……………………… 168

第十一章 内部稽核设计 …… 173
第一节 内部稽核的职责与范围 …… 175
第二节 内部稽核的程序与方法 …… 178
第三节 会计错误与会计舞弊的稽核 …… 180
第四节 销货及收款循环的稽核 …… 181
第五节 采购及付款循环的稽核 …… 183
第六节 生产循环的稽核 …… 187
第七节 工资循环的稽核 …… 191
第八节 融资循环的稽核 …… 195
第九节 投资循环的稽核 …… 202
第十节 固定资产循环的稽核 …… 204

主要参考资料 …… 208

第一章 概 论

[知识目标]

1. 了解会计制度和会计制度设计的概况。
2. 明确会计制度设计的任务和原则。
3. 熟悉会计制度设计的程序和方法。

[能力目标]

1. 能举例说明会计制度设计的模式。
2. 能描述会计指标体系的主要特征。
3. 能提出会计制度设计的方法体系在不同类型企业会计制度设计中的基本应用策略。

导入案例

请认真阅读以下案例并思考三个问题:
(1) 案例中会计制度设计是什么层面的?
(2) 案例中《基层工会财务会计制度》设计的原则有哪些?
(3) 你从案例中体会到什么?对你有何启发?

基层工会财务会计制度

为加强全市基层工会财务会计管理,规范财务会计行为,防范资金风险,根据《中华人民共和国工会法》《中华人民共和国会计法》《会计基础工作规范》以及全国总工会、省总工会有关财务会计规章制度,结合实际现制定本制度。

一、经费收支预算、决算制度

1. 预算编制的原则:统筹兼顾,保证重点;量入为出,收支平衡;真实合法,精细高效。
2. 预算的编制要坚持勤俭节约,体现工会工作特点和经费支出结构,把经费使用的重点安排在维护职工权益、为职工服务和工会活动方面。

3. 本年无重大支出项目,不得编制赤字预算。期末滚存结余不得出现赤字。

4. 预算在规定时间内报上级工会审批或备案,在执行中,如遇特殊情况需要增减变动的,应当编制预算调整方案(每年以一次为限)并报上级工会审批。

5. 决算的编制必须做到收支准确、内容完整、报送及时。

6. 工会经费收支预算、决算要经过本级工会经费审查委员会审查,工会主席审阅签章后方可上报。

7. 工会经费收支账目每年至少一次向职工、会员公布,接受群众的监督。

二、货币资金管理制度

1. 基层工会应当依法在当地金融机构开设独立的银行结算账户,实行工会经费独立核算。

2. 银行结算账户只能用于本工会业务范围内的资金收付,与工会无关的资金不得进入工会账户结算。严禁公款私存。账户不得出租、出借或转让给其他单位及个人使用。

3. 不得由一人办理货币资金业务的全过程,不得由一人保管支付款项所需的全部印鉴。

4. 月末,银行存款账户余额必须与银行对账单相符或调节相符。

5. 严格执行《现金管理暂行条例》,库存现金不超出限额,现金结算不超过起点。库存现金日清月结,不得"白条抵现"。

三、财务收支管理制度

1. 基层工会应按规定收缴会员会费。

2. 基层工会应督促行政方按规定拨付本级工会经费。

3. 严格执行全国总工会《关于加强基层工会经费收支管理的通知》及省总工会补充通知,不得擅自扩大经费支出范围。

4. 工会经费的开支,应由主席"一支笔"审批,重大事项须经工会委员会集体讨论决定。

5. 工会支出费用的报销,必须严格审核、审批手续,应有经办人、证明人、审批人签字。原始凭证须符合规定。购买多项物品的,须附明细清单;对开展活动发放的奖品、纪念品等,须附购物明细及发放清单。一切开支应在批准的预算内执行。

6. 送温暖、困难补助的凭证须由救助对象本人签字领款;他人代领的应留身份证号码及电话号码。

7. 不得账外设账,不得设立"小金库"。

四、债权债务管理制度

1. 基层工会会计核算以"收付实现制为基础,权责发生制为补充"为原则。

2. 基层工会应对其他应收及暂付款项严格控制。"其他应收款"用于核算除应收上下级经费以外的其他应收及暂付款项,并按照其他应收款的类别以及债务单位(或个人)设置明细账,进行明细核算。

3. 对逾期三年以上、出于债务人原因尚未收回的"其他应收款",报经批准认定确实无法收回的应予以核销。核销的呆账,应在备查簿中保留登记。

4. 对三年以上确认无法付出的"其他应付款",经主席同意,列作收入。

5. 因公出差借款应于出差归来后三日内结清。

6. "应付上级经费"贷方余额应及时解缴市总工会,不得长期挂账。

五、账务处理程序制度

1. 基层工会应按常规程序进行账务处理:

(1)审核原始凭证;

(2)编制记账凭证;

(3)复核记账凭证;

(4)登记账簿;

(5)试算平衡;

(6)资产盘点;

(7)编制会计报表;

(8)经费审查委员会审查预算、决算;

(9)上报预算、决算。

2. 年终,应将会计凭证及银行对账单,预算、决算报表一并装订作为会计档案保存。

六、内部会计控制制度

1. 有条件的基层工会,会计、出纳要分设,财、物要分管。

2. 办理银行结算的印鉴及财务专用章应分开保管,不得由一人办理提取现金、转账结算等业务的全过程。

3. 工会负责人与会计应执行亲属回避制度。

七、财产清查制度

1. 具有物质形态的财产(如固定资产、库存物品、低值易耗品等)均属于财产清查范围。

2. 固定资产、库存物品每年至少盘点一次,对盘盈、盘亏或报废毁损的,经批准后进行账务处理。

3. 固定资产、库存物品和低值易耗品应明确存放地点及责任人,以确保工会财产的安全完整。

4. 工作人员调动工作或退休之前,应预先办理领用财物的清退手续。

八、财务会计分析制度

1. 会计人员应对年度经费收支决算进行分析说明,如经费的筹集、使用、管理过程中的成绩和问题,影响预算执行的原因,以及资金状态、资产情况等,提出改进措施和建议。

2. 对财产的盘点结果、呆账的核销以及财政、税务代收经费等重要会计事项应作书面说明,并在决算表说明栏内披露。

九、岗位责任制度

1. 会计人员应持证上岗,并定期参加财政部门组织的会计继续教育培训,积极参加上级工会的业务培训。

2. 不相容职务应相互分离,主席、副主席、经费审查委员会主任、委员不得兼任会计工作。

3. 记账凭证的复核可由经费审查委员会负责。

十、会计档案管理制度

1. 工会会计应妥善保管好会计凭证、账簿、报表、资料等会计档案。

2. 会计移交应履行书面交接手续,将会计档案、办公用品交代清楚后,方可离职。

3. 会计档案保管期限及销毁按《会计档案管理办法》执行。

资料来源:基层工会财务会计管理制度[EB/OL].(2017-04-04)[2023-08-03].https://mp.weixin.qq.com/s/FpIj7uP1aY9ttM0Z8qAW1g。

第一节 会计制度与会计制度设计概述

拓展阅读

相关案例讲解

《企业会计准则》的颁布实施,体现了我国从计划导向会计模式向市场导向会计模式的转变。在市场导向会计模式中,各单位必须根据市场经济体制下企业行为自主化和管理科学化、制度化的要求,自行设计或委托社会会计服务机构设计符合会计准则和规范要求、能满足宏观调控需要、适应本单位特点、能指导具体操作的有约束力的会计制度。因此,企业应认真研究会计制度及其设计的理论和方法,以便做好会计制度设计工作。

一、会计制度与会计制度设计

会计制度是指进行会计工作、处理会计业务应遵循的准则和规范。其中,准则和规范的一般含义均指人们进行某项活动应遵循的行为标准,二者的区别主要在于准则具有较大的强制性。除此之外,会计人员还应遵循其他一些准则和规范,如国家颁布的各项法律,但这些法律并不是会计制度。

会计制度设计是指依据会计学的基本理论、原则和科学的程序,结合实际情况,对各项会计制度进行的具体规划。

(一) 会计制度设计的对象

作为一种实践活动,会计制度设计的具体对象是会计工作过程。会计工作过程指运用会计的方法反映和控制经济活动,并提供会计信息的过程。因此,会计制度设计也可以理解为特定会计主体依照国家统一的会计规范,对会计事务的处理办法、会计核算体系以及会计监督工作程序进行研究的一项行为设计活动。

(二) 会计制度设计的依据

会计制度设计的依据有政府法规、内部控制要求、经济发展状况、企业政策与管理需要、会计特征和会计技术水平。

1. 政府法规

在我国,影响会计制度设计的政府法规主要有三类:

(1) 对会计制度有直接影响的法规。如《中华人民共和国会计法》(以下简称《会计法》)、《中华人民共和国注册会计师法》和《企业会计准则》等。

(2) 对企业会计记录、计量、确认、报告有重大影响的法规。如《中华人民共和国计量法》《中华人民共和国统计法》以及各项税收法律制度和金融法律制度等。

(3) 关于会计制度设计的其他法规。如企业法律制度、经济合同法律制度等。

企业在对会计制度进行设计时,必须通晓上述政府法规,使其设计的会计制度符合政府相关法规的要求。

2. 内部控制要求

企业在设计会计事务处理流程时,必须采用内部控制的方法,并在会计制度中做适当的规定,以便达到管理的目的。有关内部控制的内容将在本书后面有关章节加以详细介绍。

3. 经济发展状况

经济发展状况在会计制度设计的产生与发展中发挥着举足轻重的作用。经济发展状况包括国家的经济活动与发展水平、国家的经济体制、企业的组织结构和经济活动、币值稳定情况等。

4. 企业政策与管理需要

通常情况下,企业的会计制度规定了企业处理各项经济业务的办法,使各项作业有适当的程序和规则。其目的在于精简工作,提高效率,防止弊端,并随时提供资料,协助管理,加强控制。因此,会计制度设计要以企业政策与管理需要为依据。

5. 会计特征和会计技术水平

除上述四个因素外,会计制度设计还受到会计特征和会计技术水平的限制。

(1) 会计特征。随着客观环境的变化,会计理论和实践也相应地发生着不同程度的、局部的变化。但与此同时,会计在某些方面又表现出稳定性,这就使得会计在一定时间、空间范围内具有一些基本特征。例如,在现代,会计输出信息时以货币为计量单位,会计的空间范围通常仅局限于特定主体,会计计量的前提是持续经营,会计报告定期,等等。以上均无须证明即为人们所接受,这是设计会计制度的前提条件之一。

(2) 会计技术水平。会计在一定时期所达到的技术水平会影响会计制度设计。一般而言,会计技术水平高,人们期望设计的会计制度就能提供更多的信息,以满足管理决策与控制的要求;相反,会计技术水平低,会计信息使用者的部分信息需求可能一时难以得到满足。会计技术水平取决于会计研究水平、会计人员掌握的技能和会计技术手段。

此外,会计制度设计还应考虑社会主义市场经济对会计制度的基本要求,具体包括:能满足国家宏观调控的需要,能满足有关各方了解企业财务状况和经营成果的需要,能满足企业内部经营管理的需要。

(三) 会计制度设计人员应具备的素质

会计制度设计是一项政策性和技术性较强的工作。为了做好设计工作,设计人员应具备以下素质:

(1) 深刻领会马克思主义政治经济学、哲学的基本原理,并能够在实践中加以运用。

(2) 全面了解、领会国家有关财经方针、政策、法令和制度的精神实质。

(3) 通晓会计原理和各门专业会计知识。

(4) 懂得企业管理方面的知识,有关部门、单位经济活动的特点,以及生产技术、工艺流程方面的知识。

(5) 具备一定的语文素养和对事物的观察分析能力。

（6）精通会计制度设计的理论和方法。

（7）善于听取各方面的意见，对新鲜事物具有探索精神。

（8）掌握审计工作知识。

二、会计制度设计的模式

根据我国市场经济体制的特点，会计规范体系可以划分为三个层次：

第一层次是《会计法》，由全国人民代表大会常务委员会制定，以国家主席令的形式颁布实施。

第二层次是《企业会计准则》及其具体准则，由财政部制定，以财政部令的形式颁布实施。

第三层次是企业会计制度，由企业自行制定或委托社会会计服务机构制定，以企业管理当局命令的形式颁布实施。

其中，第一、第二层次为会计制度的宏观管理，对全国的会计制度有约束力；第三层次为会计制度的微观管理，仅对具体使用单位有约束力。应注意的是，目前财政部会同其他主管部门以《企业会计准则》为基础，分行业不分所有制形式制定的行业会计制度，只是规范各行各业会计工作的过渡措施，仅具有示范性和引导性的作用。

根据会计制度管理体制和未来发展趋势，会计制度设计的模式有以下三种：

（1）会计制度完全设计，即为新建单位设计一套完整的会计制度。

（2）会计制度重新设计，即在原有会计制度的基础上为单位重新设计一套会计制度。

（3）会计制度修改设计，即对单位原有会计制度做适当的修改和补充后所设计的会计制度。

企业应根据实际情况和管理要求决定采用哪一种模式。

第二节 会计制度设计的任务

一、会计制度设计的内容

会计制度设计的内容如图 1—1 所示，具体内容将在本书后面有关章节中做详细介绍。

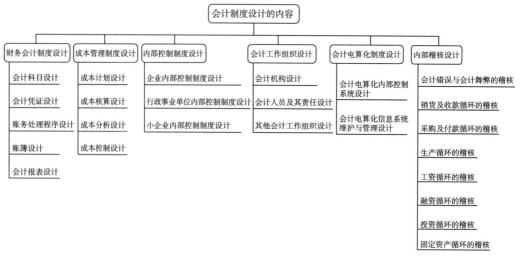

图 1-1 会计制度设计的内容

二、会计制度设计的任务

会计制度设计包括以下四项任务：

（1）设置会计机构，明确会计人员的职责。

（2）设计一套科学的会计核算制度。

（3）设计一套科学的会计指标体系。

（4）建立严密的会计监督制度，为加强会计管理制定规则。

综上，设置会计机构，明确会计人员的职责，并在此基础上设计一套科学的会计指标体系，建立科学的会计核算制度和严密的会计监督制度，作为日常进行会计工作的依据，不仅是会计工作的任务，更是会计制度设计的任务。

第三节 会计制度设计的原则

会计制度设计工作既要有正确的指导思想，又要遵循一定的原则。我国会计制度设计的指导思想是：在不断总结我国会计实践的基础上，充分研究和借鉴国际会计惯例，按照符合我国社会主义市场经济体制的要求、有助于增强企业核心竞争力、加快市场体系培育的思路，设计出有利于深化分配制度改革并与企业管理相匹配的会计制度。

我国会计制度设计应遵循以下原则：

一、符合《会计法》《企业会计准则》等国家相关法律法规的要求

《会计法》是我们处理会计事务所依据的基本法。《企业会计准则》是企业进行会计

核算工作的规范,会计制度设计必须符合基本准则中一般原则的规定,符合会计要素确认、计量的规定,并与具体的会计准则相协调。

二、充分借鉴国际会计惯例

尽管我国的会计准则已与国际趋同,但从实际应用和对企业的作用效果等角度来看,与国际相比仍有较大的差距。因此,企业在进行会计制度设计时,针对如何规定会计政策、如何选择会计方法以及如何设计会计报告体系的问题,既要总结我国会计实践基本经验,又要充分借鉴国际会计惯例,同时要注重与国际会计准则相协调,以适应改革开放和满足企业参与国际市场竞争的需要。

三、保证会计信息的一致性和可比性

一致性、可比性均属于会计信息的质量特征。其中,一致性是指会计制度设计所涉及的会计政策、程序及方法在不同时期应当一致,不得随意变更。可比性是指会计制度设计应当按规定的会计处理方法进行,会计指标应当口径一致、相互可比,以使企业所提供的会计信息能够更好地进行比较、分析和汇总,也便于企业利害关系人进行企业间的横向比较,做出有效的决策。因此,会计制度设计应当在可比性的前提下,根据企业的实际情况和经营活动的特征,灵活运用会计程序和会计方法。

四、有利于加强管理,提高经济效益

会计制度是企业进行会计管理的章程,这就决定了会计制度设计一定要从企业的生产实际出发,根据企业的实际情况进行。如成本管理制度必须根据企业所生产产品的工艺流程和生产组织方式等特点来设计,以便及时、正确地反映资金使用情况和材料消耗情况,并及时地揭示实际与计划的偏差,促使企业改善生产经营管理,提高经济效益;内部控制制度是企业为加强岗位责任、保障资金安全、确保会计记录的准确性和可靠性,针对企业内部组织分工、业务处理、凭证手续和程序等方面所规定的既相互联系又相互制衡的一系列管理制度,会计制度设计必须与企业的内部控制相适应。

五、既要简便易行,又要提供充分且准确的会计信息

简便易行即企业设计的会计制度手续简化便于执行,以提高工作效率。但手续并非越简越好,而应在提供充分且准确会计信息的前提下进行简化。为了提供充分且准确的会计信息,发挥会计工作的管理作用,企业在设计会计制度时,还要体现管理的会计要求,采用适合本企业特点的灵活多样的方式方法,侧重于为企业内部的经营管理服务。

六、管理权限相对集中,保持制度的相对稳定性

会计制度不是一成不变的,应随着市场经济客观形势的发展变化不断改进。但因为与会计制度密切相关的财务管理具有综合性的特征,如果变更过于频繁,管理权限过于分散,就会对会计工作产生不利影响,甚至造成企业财务混乱。所以,企业在设计会计制度时,应把管理权限集中于管理决策的高层级,不能分散;同时,应注意保持会计制度的相对稳定,除非特殊情况,一般不宜在一个会计年度内做较大的变动。

七、与使用的核算工具相适应,与其他经济核算口径相一致

虽然从手工记账到会计电算化,会计核算所使用的工具不同,但一般不会因此而改变会计核算的基本方法。然而,不同核算工具的入账方法不尽相同。例如,通用财务软件和自行开发的软件针对入账的具体设计会有所差异。

第四节 会计制度设计的程序和方法

一、会计制度设计的基本程序

根据历史经验,会计制度的设计工作一般分为准备、设计、试行和修正四个阶段。

1. 准备阶段

准备阶段的主要任务是选用严谨的会计人员,聘用注册会计师或相关科研院所的会计专家为顾问,归集有关资料。这一阶段包括实地调查、分析研究、提出设计思路及建议三个步骤。

2. 设计阶段

设计阶段的工作一般分为总体设计和具体设计两个步骤。

在这一阶段,设计者一般会提出会计制度设计报告。会计制度设计报告应至少包括设计说明和会计制度两部分,其内容应简洁明了,尽量符合管理层的期望。

3. 试行阶段

会计制度草案设计就绪后,企业应当组织相关人员进行讨论,征求各方意见,利用历史资料反复测算以检验制度的可行性,随后付诸试行。

4. 修正阶段

对于新制度在实施过程中出现的问题,企业应当随时注意并详细记录,特别应注

意实施效果是否达到原定目标,并根据实施过程中发现的问题提出有针对性的解决办法。

二、会计制度设计的方法体系

(一)设计调查

设计调查是会计制度设计的基础。在进行设计调查时,设计者应充分认识企业或某项经济业务的历史与现状,并根据设计的目的、要求,有针对性地提出解决办法。

(二)由总体设计到具体设计

总体设计即对所要设计的会计制度内容和会计制度设计工作做出全面的规划;具体设计是在总体设计的基础上,采取具体的办法、程序来完成总体设计的要求,并以文字或表格等形式做出具体的规定。

(三)总结经验,不断创新并加以完善

无论是会计制度完全设计,还是会计制度重新、修改设计,均应根据企业生产经营的特点和管理要求,认真进行研究,采用先进的方法改进会计制度,从而有助于完成会计任务。

(四)按照单元进行制度设计,并使之同步协调

会计制度的内容较多,可以划分为若干相对独立的部分。设计者应按构成会计制度的每一单元(即每一部分)分别进行设计,并使之同步协调。这一部分工作的技术含量较高,也是最重要的。

(五)重点问题做详细说明,一般问题做原则规定

这就是通常采用的"突出重点,照顾一般"的工作方法。例如,对于一些比较复杂又不为人们所熟悉的核算方法,就需要做详细说明,便于执行者理解和实施;反之,对于一些常用的核算方法,可以做原则规定,或者只提出要求,明确所采用的方法即可。

会计制度设计是从感性认识到理性认识的过程,它是否正确地反映了客观事物的规律还必须通过实践的检验。对于那些在实践中证实尚不完善或无法实施的会计制度,企业应加以修改、补充,然后再作为正式制度颁布实施;或者先作为"草案"公布试行,在日后的实践中不断地进行修改、补充,使之更加完善。

上述各种方法共同构成一个完整的方法体系。这一方法体系既符合人们的认识规律,又符合一般的工作程序。在实际工作中,设计者还可能采取其他具体的方法,但上述方法是主要的、基本的,也是必须采用的。

复习题

1. 什么是会计制度？其有何特点？
2. 会计制度怎样分类？
3. 什么是会计制度设计？为何要进行会计制度设计？
4. 会计制度设计是如何产生与发展的？
5. 会计制度设计的对象和依据是什么？
6. 谈一谈会计制度设计人员应当具备的素质。
7. 简述会计规范体系的层次。
8. 简述会计制度设计的内容。
9. 简述会计制度设计的任务。
10. 简述会计制度设计的原则。

思考设计题

1. 何某曾在国外一家大公司工作多年。2022年6月，何某转到深圳一家大公司LS担任财务总监一职。上任后，何某发现LS公司原有的会计制度存在一些问题，但LS公司财务部门人手少，特别是理论水平高的会计人员少，请代何某思考处理此项事务的办法。

经接洽后何某与X会计师事务所签订了会计制度设计合同，并将其在国外工作时设计的相关会计制度交由X会计师事务所的法人代表李某，要求李某参照之。李某又任命刘某作为项目负责人。请代刘某妥善处理之，并说明理由。

李某在审核会计制度设计报告时发现如下情况，请代李某提出相应的处理意见，并说明理由：

（1）报告开头有"在……下"等语言达到500多字；

（2）制度条款中存在大量的交易、事项等专业术语；

（3）报告中有对制度肯定的语言表述。

2. 试论会计制度设计、财务制度设计与财务会计制度设计的异同点。

3. LX公司为一家大型集团公司，其总部设立在深圳，拥有9个事业部和30余个省级分公司。2022年6月，王某从美国归来，接任LX公司财务总监一职，经过数月的了解，王某认为LX公司的会计制度存在诸多问题，于是召集财务部门的骨干开了个座谈会。

会上的主要观点有：①有人认为，目前公司的会计制度是依据财政部最新的相关规定制定的,且大家都用习惯了,因此公司的会计制度没有太大的问题。然而也有人认为,公司的会计制度与王某在美国曾就职的某大公司的会计制度相差甚远,因而应基于美国大公司的会计制度进行大幅修改。还有人的意见介于二者之间。②目前公司规模正逐步扩大,会计人员本身就超负荷工作,没有太多的精力设计会计制度,更不用说既有理论知识又有实践经验的复合型人才。③集团下属事业部技术工艺不尽相同,更不用说还有诸多省级分公司,仅成本核算部分的工作量就十分惊人。

会后,信心满满的王某沉思良久。

阅读本题后请思考以下问题:

(1) 王某认为 LX 公司的会计制度存在诸多问题的原因何在?

(2) LX 公司的会计制度应设计成怎样的程度或性质?

(3) 目前 LX 公司会计人员能否进行会计制度设计?

(4) 事业部技术工艺不尽相同可能对成本核算产生什么影响?

第二章　会计制度总体设计

[知识目标]

1. 了解会计制度总体设计的意义和基本要求。
2. 明确设计调查的内容和范围。
3. 熟悉会计制度总体设计的内容。

[能力目标]

1. 能举例说明会计制度总体设计的基本要求。
2. 能描述会计制度总体设计调查的方法。
3. 能掌握拟定设计调查提纲和分析设计调查资料的基本技能。

导入案例

请认真阅读以下案例并思考三个问题：

1. 请根据案例简述调查问卷的格式，并指出问卷的核心部分。
2. 设计调查问卷的注意事项有哪些？
3. 本案例的问卷调查涉及哪些方面？在会计制度设计中起到什么作用？

A 有限公司的调查问卷设计

受国家产业政策等影响，大型稀土集团并购等活动频频发生，导致会计工作方面出现不少新问题，现对某大型稀土集团（以下简称"A 有限公司"）进行问卷调查。

在设计调查问卷时，应根据研究目的来确定调查对象范围，进行问卷问题设计。首先，确定调查对象范围主要为 A 集团总部及其下属企业，包括稀土开采企业、稀土分离（综合利用）企业、稀土贸易企业、稀土研发机构及后端加工企业。接着，根据调查对象范围，依据研究目的来设计问卷问题，以此反映各调查企业在财务会计核算，证、账、表及成本核算、分析、控制等方面可能存在的问题。以下为针对 A 有限公司而设计的调查问卷：

《A 有限公司会计制度设计研究》调查问卷

尊敬的女士/先生：

您好！

  我们是《A 有限公司会计制度设计研究》项目组，非常感谢您在百忙之中抽出时间填写这份问卷。本次调查旨在了解 A 有限公司会计制度设计的有关问题，为本项研究提供参考依据。您在本次调查中提供的所有信息都是匿名和保密的，我们真诚地希望您根据自己的真实看法和实际经验如实回答相关问题。答案无所谓对错，调查结果仅供《A 有限公司会计制度设计研究》项目使用。

  本次调查可能需要您 10 分钟左右的时间，问卷中涉及很多专业概念、知识及其应用情况，各个部分间存在一定的勾稽关系，有些问题需要您明确理解后再予回答。我们非常感谢您的支持与合作！

  请在所选答案的序号上打"√"，或将答案填写在相应的括号内(或横线上)。

1. 参与调查者的基本信息。

1.1 性别( )。

A. 男   B. 女

1.2 您的年龄( )。

A. 30 岁及以下   B. 31～45 岁   C. 46 岁及以上

1.3 您的文化程度( )。

A. 大专及以下   B. 大学本科   C. 硕士研究生及以上

1.4 您的教育背景( )。

A. 会计   B. 财务管理   C. 其他

1.5 您担任的职务( )。

A. 总公司财务高层   B. 总公司财务中层

C. 总公司财务人员   D. 分公司财务领导

E. 分公司财务人员   F. 其他_____(请自行填写)

1.6 您所在单位的性质( )。

A. 总公司   B. 开采企业   C. 分离企业   D. 贸易企业

E. 研发机构   F. 后端加工企业

2. 贵公司的历史( )。

A. 成立三年以上,且一直是国有性质   B. 成立三年以上,但以前是非国有性质

C. 成立三年以下,且一直是国有性质   D. 成立三年以下,且以前是非国有性质

3. 贵公司会计人员有( )。

A. 5 人以下　　　　B. 5～10 人　　　　C. 10 人以上

4. 贵公司目前设立的财会岗位有( )。(多选)

A. 财务总监　　　B. 财务经理　　　C. 会计主管　　　D. 其他

5. 贵公司财会工作的主要问题有( )。(多选)

A. 财务预算科学性有待提高　　　　B. 内部控制有待加强

C. 基础工作有待完善　　　　D._____(如果有,不多于3点)

6. 贵公司采用的账务处理程序是( )。

A. 记账凭证账务处理程序　　　　B. 汇总记账凭证账务处理程序

C. 科目汇总表账务处理程序　　　　D. 日记总账账务处理程序

7. 贵公司财会工作方面的主要问题有( )。(多选)

A. 会计核算不够规范　　　　B. 内部会计监督不够到位

C. 财务分析针对性较差　　　　D._____(如果有,不多于3点)

8. 贵公司会计凭证方面的主要问题有( )。(多选)

A. 相关原始凭证与业务流程不够匹配　　B. 相关原始凭证集团内不统一

C. 记账程序不够合理　　　　D._____(如果有,不多于3点)

9. 贵公司账簿方面的主要问题有( )。(多选)

A. 与总公司账簿体系不够匹配　　　　B. 公司账簿体系之间衔接不够好

C. 账簿与凭证、报表不够配套　　　　D._____(如果有,不多于3点)

10. 贵公司报表方面的主要问题有( )。(多选)

A. 内部报表传递不够顺畅　　　　B. 与总公司报表衔接不够好

C. 报表传递及时性较差　　　　D. 报表设计针对性较差

E._____(如果有,不多于3点)

11. 贵公司会计科目方面的主要问题有( )。(多选)

A. 一级科目与国家统一的会计科目不匹配

B. 二级科目核算内容不够明确也不够固定

C. 三级科目及以下明细科目设计不够合理

D. 科目设置及核算内容与总(分)公司有差异

E._____(如果有,不多于3点)

12. 贵公司成本管理方面的不足之处有( )。(多选)

A. 重核算、轻管理　　　　B. 成本管理环节设计不够合理

C. 成本分析针对性不够　　　　D. 行业比较有缺失

E._____(如果有,不多于3点)

13. 贵公司成本核算方面的不足之处有（　　）。（多选）

　A. 基础工作不够扎实　　　　　　B. 核算方法不够科学

　C. 归集主体未实现多维度、多层次　D. 仅用传统的料工费方法核算

　E. _____（如果有,不多于3点）

14. 贵公司会计核算存在的主要问题有（　　）。（多选）

　A. 跨区域核算,核算风险增加　　　B. 部分费用冗杂,会计核算重复性高

　C. 会计核算处理滞后　　　　　　F. 会计核算难度增大

　D. _____（如果有,不多于3点）

15. 解决会计核算过程中出现的问题的措施有（　　）。（多选）

　A. 建立健全相关会计核算制度　　B. 加强内部控制制度建设

　C. 提高会计人员的自身道德水平和专业能力素质

　D. 提高公司管理者的管理能力,加强对会计工作的监督

　E. 运用现代化手段提高电算化水平

16. 请您对《A有限公司会计制度设计研究》项目提出宝贵建议：_____。

会计制度设计一般可分为总体设计和具体设计两大步骤。总体设计是具体设计的前提,而具体设计应建立在总体设计的基础上。本章讨论总体设计,以后各章讨论具体设计。

第一节　总体设计概述

一、总体设计的意义

总体设计是指对所设计的会计制度内容及其设计工作做出全面规划。

总体设计明确了会计制度设计的基本内容,提出了初步意见或方案,勾画了会计制度设计的总体框架。总体设计发挥以下作用：

（一）总体设计是具体设计的基础

总体设计是会计制度设计的起点。根据总体设计规划对会计制度内容进行具体的设计,可以保证所设计的会计制度的完整性。

（二）总体设计是各项制度之间同步协调的保证

会计制度设计是一个系统工程,会计制度是由若干具体制度构成的,与其他有关制度有着紧密的联系。在总体设计中,既要考虑有关制度的内容,又要对其相互关联之处采取协调一致的方法,使各项制度有机结合,形成一个完整的制度体系。

（三）总体设计是会计制度设计工作顺利进行的前提

会计制度设计是一项涉及面广、技术性强的复杂工作，要使会计制度设计工作顺利进行，必须有一个行动方案做指导。在总体设计中，对会计制度中各部分的基本内容及其关联性均做出了规定或提出了要求，并对所需人力、时间进度等做出了安排，是整个设计过程的纲要，有利于设计工作的分工合作。

二、总体设计的基本要求

会计制度设计的目标是建立与市场经济相适应的会计制度体系。这就要求企业从市场经济对会计工作的要求出发进行总体设计。

（一）满足国家宏观调控的需要

社会主义市场经济的有效运行离不开国家对经济的宏观调控。虽然会计难以直接提供宏观调控所需的全部信息，但会计信息是宏观调控所需资料的基础。因此，会计制度的总体设计首先要考虑国家宏观调控的需要和整个社会的利益，使设计出的会计制度能够为整个国民经济管理服务，为强化财政、税务和审计监督提供方便。

（二）满足有关各方了解企业财务状况和经营成果的需要

在市场经济条件下，企业不是孤立存在的，它必须与外界各方发生各种各样的联系，进行信息交流。因此，会计制度总体设计应综合考虑外界各方的需求，使设计的会计制度能够为其提供有用的会计信息，便于其做出正确的决策。

（三）满足企业内部经营管理的需要

作为市场经济的主体，企业必须加强内部经营管理，努力提高经济效益，以提升核心竞争力。会计在企业内部管理中至关重要，因此会计制度总体设计应根据企业生产经营的特点和经营管理的要求进行。会计制度通过总体设计成为企业内部管理制度的有机组成部分，提供能够为内部经营决策服务的会计信息。这是设计者首先需要考虑也是最需要考虑的。

第二节　设　计　调　查

设计调查是指为进行会计制度的总体设计和具体设计而进行的调查研究，是会计制度总体设计的初始阶段。设计人员只有通过调查研究，才能熟悉情况，做到心中有数，设计出切合实际的、适用性强的会计制度。

一、设计调查提纲的拟定

由于设计调查的内容多且范围广,为防止调查时的疏漏,调查人员在调查前应拟定调查提纲,列明调查事项,依次进行调查、记录。调查提纲的拟定需要注意如下事项:

第一,调查提纲中只列入会计制度设计所必需的项目。

第二,列入调查提纲的项目,提法要明确、具体,并对项目进行必要的分类,便于调查人员分析、整理调查资料。

第三,调查提纲可以用文字或列表形式表达,也可以根据调查内容同时使用这两种形式表达。

二、设计调查的方法

在确定了调查内容、调查范围、调查提纲之后,调查人员就要采用一定的方法进行深入的调查研究。调查方法一般有以下几种:

1. 查阅和收集有关制度的文件

在调查的最初阶段,要充分利用现成资料和信息。当然,现成材料往往不能反映企业的全面状况,其中会有许多不真实的内容要予以剔除。

2. 座谈会

调查人员可邀请被调查单位的知情人士(有特殊地位,或者了解企业的历史,或者曾试图解决某一问题等)参加座谈、讨论,请他们提出自己的见解。这对会计制度的设计是很有益的。

3. 个别谈话

这种方法简单、灵活、深入。谈话是否有效,取决于个人的素养、经验以及谈话方式。即便是一个富有经验的调查人员,也要拟订谈话计划,重视谈话的技巧和原则。

4. 发放调查表

通过调查表,调查人员可以广泛地获取人们的意见、态度等资料。在设计调查表之前,必须明确调查的目的和所需获取的资料;在设计调查表时,必须对所调查的问题和供选择的答案进行分类排列,做到繁简适宜。

5. 现场调查

现场调查可以获得直接的第一手材料,调查人员应当对重要但不甚了解的内容进行实地调查,例如到仓库了解财产物资的保管情况等。

三、设计调查资料的分析

获得大量调查资料后,调查人员应对其加以整理和分析。具体步骤如下:

1. 资料取舍

选取对会计制度设计有用的调查资料,剔除与会计制度设计无关的调查资料。

2. 资料分类

资料分类即区分出反映企业一般情况、经营管理情况以及企业会计工作情况的调查资料。应当指出的是,资料的分类工作在调查一开始就应着手进行,这是在调查过程中整理思路、推进调查所必须做的工作。但在调查结束后,有必要对已经归纳整理的资料按照新的分类标准和分析要求进行调整。

设计调查拓展阅读

3. 资料分析

资料分析的过程即会计制度总体设计的初步构思过程。例如,根据企业规模、组织形式和经济业务状况,初步设想企业应使用哪些总账科目。

第三节　总体设计的内容

经过设计调查,并对调查资料加以分析之后,设计者即可进行总体设计。企业会计制度的总体设计一般应包含以下内容:

一、提出改善有关经营管理的建议

会计作为企业经营管理的重要组成部分,发挥着重要作用。因此,会计制度的设计者在进行会计制度设计时,应针对调查了解的企业经营管理工作中存在的问题提出改进建议,以确保所设计的会计制度符合企业经营管理的需要。

二、对设计的会计制度内容和要求提出意见

如果是委托设计,那么一般先由委托单位提出拟设计的会计制度的内容和要求。受托单位在进行调查研究之后,要对委托单位所提出的内容和要求进行审查,检查其是否与企业实际情况相符,是否遵循国家的财经法规、政策及会计准则,并据此提出意见。

三、提供管理所需的各项资料

会计所提供的资料应满足国家宏观管理、企业外部各方和企业内部经营管理的需

要。对于国家宏观管理和企业外部各方所需的会计资料,《会计法》《企业会计准则》有明确规定的,总体设计时应遵照执行。至于企业内部经营管理所需的会计资料,则应根据企业实际情况加以确定,例如生产、销售所需的会计资料等,这些资料都应在总体设计中分级、分部门逐一列出。

四、确定所采用的会计核算程序

在总体设计中首先要确定所采用的会计核算程序,再按会计核算程序的要求进行各项具体设计。由于会计凭证、会计账簿和会计报表之间具有一定的联系,因此应当采用一定的方式、按照一定的顺序进行科学、合理的安排,从而形成一套规范的会计核算程序,也称作证、账、表一体化。

五、确定所采用的会计处理方法

会计核算包括很多环节,各个环节的处理方法不尽相同。在总体设计中应明确所采用的会计处理方法。例如,存货计价是采用先进先出法,还是采用移动加权平均法,抑或采用月末一次加权平均法、个别计价法等。

六、提出拟设计的会计科目

作为建立、生成各种会计记录和报表的基础,会计科目在整个会计制度中起到"支柱"的作用。因此,在总体设计中应根据企业规模等提出拟设计的会计科目。

七、提出拟设计的会计报表

会计报表的设计是整个会计制度设计工作的重点之一,无论是会计科目的设计还是会计账簿的设计,均应符合会计报表的要求。因此,在总体设计中要提出拟设计的会计报表,包括对外报表、对内报表、会计报表附注和财务状况说明书等。

八、对会计要素的核算与控制方面提出意见

各会计要素(资产、负债、所有者权益、收入、费用、利润)之间相互影响、紧密联系。在总体设计中应依据会计准则,结合企业的具体情况,确定各会计要素的具体范围、核算与控制的基本要点,以此指导各会计要素的核算与控制的具体工作。

九、确定会计工作组织的基本框架

会计工作组织是会计制度贯彻执行的重要保证。在总体设计中应对会计工作组织的基本框架进行设计,例如会计工作组织形式是集中核算还是非集中核算等。

复习题

1. 什么是总体设计？为什么会计制度设计必须经过总体设计阶段？
2. 设计会计制度时为什么要进行设计调查？
3. 设计调查的内容有哪些？
4. 拟定设计调查提纲时应注意哪些问题？
5. 简述设计调查的方法。
6. 为什么要对设计调查资料进行分析？怎样进行分析？
7. 简述总体设计应包含的内容。
8. 在总体设计中，为什么必须提出改善有关经营管理工作的建议？

思考设计题

1. （按第一章思考设计题第 1 题）X 会计师事务所的项目负责人刘某到 LS 公司进行设计调查时发现，要求调查的内容繁多，但项目组成员较少，且时间紧迫。请代刘某提出解决此问题的思路。
2. 试论会计制度总体设计与具体设计的异同。

第三章 会计科目设计

[知识目标]

1. 了解会计科目的性质。
2. 明确会计科目设计的作用与原则。
3. 熟悉会计科目设计的基本步骤。

[能力目标]

1. 能掌握会计科目设计的基本技能。
2. 能设计小型目标企业的会计科目表及其说明。
3. 能掌握会计科目编号尤其是次级科目编号的设计。

导入案例

请认真阅读以下案例并思考三个问题：

1. A 公司增设"工程施工"科目的目的何在？
2. 会计科目使用说明对学好会计有何作用？
3. 如何理解会计科目设计的全部内容？

A 公司会计科目设计

根据委托目的，为统一集团的会计科目体系，拟对 A 公司各下属企业会计科目进行比较，寻找会计科目设置上可能存在的一些问题，为后续会计科目修订提供参考。具体比较如下：

会计科目总体框架比较

通过对 A 公司各下属企业会计科目总体框架进行比较，发现其一级科目的设置基本相同。表 1 反映了 A 公司会计科目总体框架。

表 1　会计科目总体框架

一、资产类	2211\应付职工薪酬
1001\库存现金	2221\应交税费
1002\银行存款	2231\应付利息
1012\其他货币资金	2232\应付股利
1101\交易性金融资产	2241\其他应付款
1121\应收票据	2401\递延收益
1122\应收账款	2501\长期借款
1123\预付账款	2502\应付债券
1131\应收股利	2701\长期应付款
1132\应收利息	2702\未确认融资费用
1221\其他应收款	2711\专项应付款
1231\坏账准备	2801\预计负债
1401\材料采购	2901\递延所得税负债
1402\在途物资	三、共同类
1403\原材料	3101\衍生工具
1404\材料成本差异	3201\套期工具
1405\库存商品	3202\被套期项目
1406\发出商品	四、所有者权益类
1408\委托加工物资	4001\实收资本
1411\周转材料	4002\资本公积
1461\融资租赁资产	4101\盈余公积
1471\存货跌价准备	4103\本年利润
1501\持有至到期投资	4104\利润分配
1502\持有至到期投资减值准备	4105\专项储备
1503\可供出售金融资产	4201\库存股
1511\长期股权投资	五、成本类
1512\长期股权投资减值准备	5001\生产成本
1521\投资性房地产	5101\制造费用
1531\长期应收款	5201\劳务成本
1532\未实现融资收益	5301\研发支出
1601\固定资产	5401\工程施工

(续表)

1602\累计折旧	5402\工程结算
1603\固定资产减值准备	5403\机械作业
1604\在建工程	六、损益类
1605\工程物资	6001\主营业务收入
1606\固定资产清理	6051\其他业务收入
1701\无形资产	6101\公允价值变动损益
1702\累计摊销	6111\投资收益
1703\无形资产减值准备	6301\营业外收入
1711\商誉	6401\主营业务成本
1712\商誉减值准备	6402\其他业务成本
1801\长期待摊费用	6403\税金及附加
1811\递延所得税资产	6601\销售费用
1901\待处理财产损益	6602\管理费用
二、负债类	6603\财务费用
2001\短期借款	6701\资产减值损失
2101\交易性金融负债	6711\营业外支出
2201\应付票据	6801\所得税费用
2202\应付账款	6901\以前年度损益调整
2203\预收账款	

明细会计科目比较

在会计科目总体框架一致的情况下,对 A 公司各下属企业的明细会计科目做进一步比较,以便统一核算标准和口径,从而方便集团会计资料的汇总和监督检查。表 2、表 3 列示了下属三家企业成本类与损益类明细会计科目的比较结果。

表 2　成本类明细会计科目比较

FH 公司	TH 公司	YL 公司
500102\生产成本\辅助材料	500102\生产成本\辅助材料	500102\生产成本\辅助材料 辅助材料转入、辅助材料转出
500103\生产成本\直接人工	500103\生产成本\直接人工	500103\生产成本\直接人工 五险一金、基本工资、职工福利、工会经费、直接人工转出

（续表）

FH 公司	TH 公司	YL 公司
500104\生产成本\制造费用	500104\生产成本\制造费用	500104\生产成本\制造费用 品质管理费、环保费、设备管理费、仓储费、制造费用、其他、制造费用转出
500105\生产成本\燃料及动力	500105\生产成本\燃料及动力	500105\生产成本\燃料及动力 燃料及动力转入、燃料及动力转出
500199\生产成本\其他	500199\生产成本\其他	500199\生产成本\其他 前处理、生产待摊支出
510112\制造费用\摊销 无形资产摊销、长期待摊费用摊销	510112\制造费用\摊销	510112\制造费用\摊销
510115\制造费用\社会保险费 失业保险	510115\制造费用\社会保险费 失业保险	510115\制造费用\社会保险费
510199\制造费用\其他 劳保用品、检验化验费、其他费用	510199\制造费用\其他 污水处理、检验化验费、分析化验费、加工费、伙食费、工伤医疗费、其他费用	510199\制造费用\其他 工会经费、检验费

表3　损益类明细会计科目比较

FH 公司	TH 公司	YL 公司
66010107\销售费用\职工薪酬\社会保险费	66010107\销售费用\职工薪酬\社会保险费	66010107\销售费用\职工薪酬\社会保险费 养老保险、医疗保险、工伤保险、生育保险
660102\销售费用\办公费	660102\销售费用\办公费	660102\销售费用\办公费 办公用品、招聘费、停车费
660199\销售费用\其他	660199\销售费用\其他	660199\销售费用\其他 车辆管理费、信息费
66020107\管理费用\职工薪酬\社会保险费	66020107\管理费用\职工薪酬\社会保险费	66020107\管理费用\职工薪酬\社会保险费
660202\管理费用\办公费	660202\管理费用\办公费 办公用品、招聘费、邮寄费	660202\管理费用\办公费
660207\管理费用\通信费	660207\管理费用\通信费	660207\管理费用\通信费 网络费

（续表）

FH公司	TH公司	YL公司
660208\管理费用\水电费 水费、电费	660208\管理费用\水电费	660208\管理费用\水电费 水费、电费
660230\管理费用\摊销 无形资产摊销、长期待摊费用摊销	660230\管理费用\摊销 无形资产摊销	660230\管理费用\摊销 无形资产摊销
660299\管理费用\其他 市内交通费、其他费用	660299\管理费用\其他 搬运费、环境保护费、其他费用	660299\管理费用\其他 交通费、财产保险费、其他费用

会计科目是会计制度的重要组成部分，设计会计科目是为了确定会计核算内容的分类体系，并为会计记录及会计报表的设计奠定基础。会计科目的设计是会计制度具体设计的首要环节与基本内容。

拓展阅读

第一节　会计科目设计的作用与原则

一、会计科目设计的作用

会计科目设计具有以下作用：

（1）会计科目是对会计要素的具体内容所做的进一步分类。会计核算系统性特点主要体现于会计分类。因此，设计会计科目是对经济业务进行分类、连续核算的一个过程。

重难点视频讲解

（2）会计科目是编制、整理会计凭证的依据。首先，取得原始凭证时要根据会计科目对其进行分类；其次，编制记账凭证时要以规定的会计科目为基础；最后，要按会计科目对记账凭证进行分类整理。

（3）会计科目是开设账簿的依据。由于开设分类账户的数量取决于会计科目的数量，因此会计科目体系为账簿体系的建立奠定了基础。

（4）会计科目是编制会计报表的基础。会计报表上根据会计科目开设的账户的余额、发生额可以综合反映出一家企业的财务状况和经营成果。

二、会计科目设计的原则

会计科目设计要遵循以下六项原则：

（1）要有规范性与通用性。目前我国的会计核算正逐步与国际会计接轨，在设计会计科目时要尽可能地做到在内容划分、名称规定上具有规范性与通用性,避免因内容划分和名称规定上的差异而造成对外交往与交流中的误解。

(2) 要满足国家宏观调控的需要。由于国家要对社会经济总体进行调控,因此企业所设计的会计科目、会计制度不仅要满足企业自身的需要,还要满足国家宏观调控的需要。

(3) 要有周延性与互斥性。周延性是指集合所有一级科目能全面、完整地反映本单位会计核算内容,全面覆盖本单位所有经济业务,发生任何一项经济业务都有相应的科目可以使用。互斥性是指每个科目(包括一级科目、明细科目)的核算内容均有明确的范围与界限,发生任何一项经济业务都只有唯一的科目可以使用。

(4) 要合理地进行总括分类和明细分类。这是指一级科目与明细科目的数量应当适当。若会计科目数量过多,则会大大增加凭证汇总和结账的工作量;反之,若分类过于笼统,一级科目数量过少,则分类指标难以准确反映客观情况。

(5) 要满足编制会计报表的要求。这是指会计科目体系中一级科目、明细科目的设置必须满足会计报表项目的需要。

(6) 会计科目名称要简单明确、通俗易懂。会计科目名称既要明确会计科目核算的内容,又要方便记忆、理解,避免过于冗长。

第二节 会计科目设计的步骤

会计科目设计要经历如下五个步骤:

一、对经济业务进行科学分类

在设计会计科目之前,首先必须了解被设计单位经济业务的全部内容,包括经营活动的特点、财产物资的增减、货币项目的收支、往来款项的结算、资本金的构成以及对外投资情况等基本业务,并根据经营管理与会计核算的要求进行科学的分类。

对经济业务进行科学的分类是会计科目设计的前提。由于各单位的经济性质、经营方式、经营范围、产权关系存在差异,经济业务的具体内容也不尽相同,因此首先应对各个单位的经济业务进行科学的分类,再按照各个单位的实际情况,进一步对不同类别的经济业务按照其特点进行分类,直到划分至所设计会计科目的类别。经济业务按其性质及国际惯例的分类如图2-1所示。

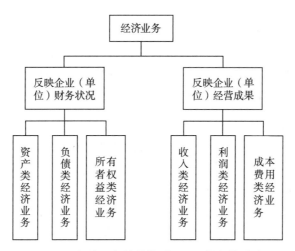

图 2-1 经济业务按其性质及国际惯例的分类

二、按经济业务性质确定会计科目名称

对经济业务进行分类以后,必须根据每一类经济业务的性质确定对应的会计科目名称,以便进行分类核算与管理。例如,对于银行借款,可以根据借款的偿还期限划分为"长期借款"(一年及以上的借款)和"短期借款"(一年以内的借款)。

三、对会计科目进行编号

为了更好地了解、使用会计科目,掌握会计科目的分类并按会计科目开设账户,进行日常核算与编制会计报表,还需对会计科目进行分类排列,编制出会计科目的号码,按顺序组成会计科目表,建立分类有序的会计科目体系。会计科目编号应遵循以下原则:

(1) 简明扼要,方便记忆。编号不要过于复杂,号码位数不宜过多。

(2) 科学合理。既标出大小类别,又显示排列次序;层次分明,互相关联。

(3) 便于识别。每个编号只表示一种经济业务,只代表一个科目。

(4) 富有弹性。在编号时留有余地,方便更替或增加会计科目。

会计科目编号的方法很多,常用的有数字顺序排列编号法、十进位数字编号法、拼音字母法以及字母数字合用法。

四、编写会计科目使用说明

会计科目使用说明是对会计科目的核算内容、明细科目的设置、所开设账户的用途、不同记账方法下账户结构的特点、账务处理等所做的说明。会计科目使用说明是使用会计科目的指南,也是衡量会计科目设计成功与否的尺度。

五、试行和修订会计科目

为了保证会计科目设计质量,会计科目设计后必须经过试行阶段,并对试行过程中出现的问题及时进行修订与调查,以使会计科目体系更加严密与完善。

第三节　会计科目的具体设计

一、会计科目类别分组设计

会计科目可以从三个方面进行分类研究,具体如图2-2所示。

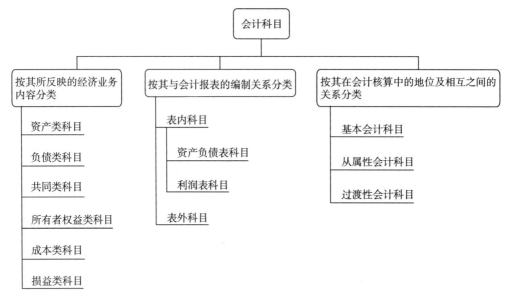

图2-2　会计科目类别分组

二、基本会计科目设计

基本会计科目是核算财务状况、经营成果的主要科目,可以分为以下类别:

1. 筹资业务会计科目设计

企业筹集资金的渠道主要有接受投资者投资、向银行借款、发行股票和债券等。由于不同筹资渠道下的资金性质存在差异,因此需要设计不同的会计科目进行核算。

(1) 投资者投入资金的会计科目设计。在资产方面,可以设置"库存现金""银行存款""固定资产""无形资产"等科目;在所有者权益方面,可以设置"实收资本"或"股本"科目,对于投资者投入的溢价部分可以设置"资本公积"科目。

(2) 银行借入资金的会计科目设计。根据借款偿还期限的长短可以设置"短期借款""长期借款"科目。

2. 采购业务会计科目设计

（1）采购业务会计科目的设置。对于采用计划成本核算材料的企业，可以设置"材料采购"科目，以便考核计划成本和实际成本；对于采用实际成本核算材料的企业，可以不设"材料采购"科目，另设"在途物资"或"工程物资"科目。

（2）采购费用的核算。采购费用的核算取决于采购成本的计算范围。制造企业材料采购成本不包括采购人员差旅费、专设采购机构经费、企业供应部门和仓库经费。当发生材料运杂费时，制造企业直接或按比例摊入有关材料，因此可以不设"材料采购费用"科目。施工企业材料采购成本包括供应部门、工地仓库的采购保管费，可以设置"采购保管费"科目，对材料的采购保管费进行归集，并于月终将其分配计入材料物资的采购成本。商品流通企业的采购费用应作为物流费直接记入"经营费用"科目，因此不必设"材料（商品）采购费用"科目。

3. 生产经营过程会计科目设计

（1）生产成本的会计科目设计。可以设置"生产成本""制造费用"科目进行生产成本的核算。其中，"生产成本"下可以分设"基本生产成本""辅助生产成本"二级科目，分别核算基本生产车间或辅助生产车间的产品、劳务成本。若企业规模较小，则可以将"生产成本""制造费用"合并设置为"生产费用"科目。"生产成本"一般按成本计算对象进行明细核算。此外，根据管理需要，针对产品生产过程也可以设置"自制半成品"科目，并增设"废品损失""停工损失"科目。

（2）各种费用的会计科目设计。除上述核算生产成本的会计科目外，在生产过程中还有一些为组织管理生产而发生的间接费用，按费用性质可以分别设置"管理费用""财务费用""销售费用"科目。企业在生产经营过程中发生的费用有部分是跨期的，应当由几个会计期间共同负担。权责发生制下，为了正确计算各个会计期间的损益，就必须按收入和成本配比的原则，将费用合理分摊至各个会计期间的产品成本。这类费用可以采用先支付后分摊的方式计入成本，也可以采用预先提取计入成本而后集中支付的方式。对此，可以按其性质分别设置"待摊费用"和"预提费用"科目。若采用收付实现制处理经济业务，则无须设置"待摊费用"和"预提费用"科目。

4. 销售过程会计科目设计

（1）销售收入的会计科目设计。不同行业销售过程所反映的内容存在差异，所设置的会计科目也不尽相同。例如，除"主营业务收入"科目外，制造企业可以设置"产品销售收入"科目，商品流通企业可以设置"商品销售收入"科目。

（2）产品（商品）销售和非产品（商品）销售核算科目的划分。产品（商品）销售是企业收入的主要来源,为了便于分析考核,提高经营管理水平,必须明确区分产品(商品)销售与非产品(商品)销售,分别进行核算。企业的非产品(商品)销售业务一般包括材料销售、包装物出租、对外修理、运输劳务等,可以设置"其他业务收入"科目进行核算。

(3) 其他有关销售业务的会计科目设置。销售过程中对于已售产品(商品)应当确定其成本,以便正确计算销售利润,针对不同行业可以分别设置"产品销售成本""商品销售成本""主营业务成本""工程结算成本"等科目。对于销售环节应缴纳的消费税、城市维护建设税、资源税、教育费附加等应设置有关税金及附加类科目进行核算,由于行业性质不同,可以分别设置"产品销售税金及附加""商品销售税金及附加""税金及附加""工程结算税金及附加"等科目。此外,销售中产生的折扣与折让会减少销售收入,作为企业销售收入的抵扣数,可以设置"销售折扣与折让"科目进行核算。

5. 分配过程会计科目设计

(1) 工资分配的会计科目设计。关于工资分配的会计科目设计,曾有两种不同的思路:一种是将工资理解为费用,设置集合分配性质的"工资"科目进行核算;另一种是将工资理解为对职工的应付款,设置负债性质的"应付职工薪酬"科目进行核算。

(2) 利润分配的会计科目设计。按现行财务制度规定,企业利润的分配项目有:支付被没收的财务损失及税收滞纳金的罚款;弥补以前年度亏损;提取法定盈余公积;提取公益金;向投资者分配利润。利润分配会计科目设计既要反映这些分配项目,又要反映由此形成的企业积累。为此,针对利润分配过程可以设置"利润分配""盈余公积"科目。"利润分配"按分配项目可以设置"提取盈余公积""应付利润""未分配利润"等二级科目。"盈余公积"也可以按用途设置"法定盈余公积""任意盈余公积""公益金"等二级科目。

6. 关于长期资产的会计科目设计

(1) 对于生产经营用的房屋、建筑物、机器、设备等,根据其使用期限长、价值高、实物形态相对固定的特点,可以设置"固定资产"科目进行核算。

(2) 对于企业购买的持有期一年以上的股票、债券以及对联营企业的投资业务,可以设置"长期股权投资"科目进行核算。

(3) 对于企业筹建期间的开办费以及租入固定资产改良支出等受益期一年以上的预付费用,根据会计准则需要将其资本化,可以设置"长期待摊费用"科目进行核算。

(4) 对于企业拥有的专利、商标、土地使用权等,按其特点,可以设置"无形资产"科目进行核算。

7. 关于流动资产的会计科目设计

(1) 货币资金的会计科目设计。根据国家的现金管理制度及银行结算方式的需要,可以对货币资金分设"现金""银行存款""其他货币资金"科目。

(2) 存货资产的会计科目设计。根据存货的用途,可以将其归结为两大类:一类是为耗用而储备的存货,另一类是为销售而储备的存货。为耗用而储备的存货,根据企业规模大小和材料管理上的需要设置会计科目。一般小型企业材料种类、数量不多,为核算简便考虑,可以将原材料、包装物、低值易耗品等合并设置"材料"科目;大中型企业可以按材料类别设置"原材料""周转材料"等科目;对于单独提供核算指标的,可以从"原材料"科目划分出来,单独设置"燃料""辅助材料"等一级科目。对于库存材料按计划成本核算的企业,还应当设置"材料成本差异"科目。对于企业发出的委托加工材料,为对其存放地点及加工成本进行核算,可以设置"委托加工材料"科目。为销售而储备的存货,其所有权属于企业,无论处于何种状态或存放于何处,都被当作企业存货而设计相应的科目。对于委托其他单位代销的产品,设置"委托代销商品"科目;对于企业已完工并已验收入库,合乎标准规格和技术条件,可以按合同规定的条件送交订货单位或作为商品对外销售的产品以及外购或委托加工完成验收入库用于销售的各种产品,设置"库存商品"科目;对于按一般收款方式销售,已发出但尚未确认收入的产品,设置"发出商品"科目。

8. 往来结算会计科目设计

企业在采购、销售和分配等环节,形成了各种债权、债务的往来结算关系。

(1) 购销往来的会计科目设计。企业在购销业务中形成的货款,根据其性质,可以分别设置"应收账款""应付账款"科目进行核算。存在预收、预付货款业务的企业,还可以设置"预收账款""预付账款"科目。在结算有来有往、债权债务不确定时,企业还可以将应收、应付账款业务合并设置"购货往来"科目。

(2) 其他往来的会计科目设计。企业对购销业务以外的往来业务形成的债权、债务,可以设置"其他应收款""其他应付款"科目进行核算,再根据业务类型单独设置相应的二级科目。对于金额较大的业务,则可以单独设置一级科目,如包装物押金金额大,可以单独设置"存入保证金""存出保证金"科目进行核算。若企业分支机构和内部单位较多,则对于资金拨付业务,总机构与分支机构可以设置"拨付所属资金""总厂拨入资金"科目进行核算;对于内部单位结算,可以设置"内部往来"科目进行核算。

(3) 分配往来的会计科目设计。各类税金、税后利润及规定的一些应交款项在分配环节中属于企业对国家的应付款项,按其性质可以分别设置"应交税金""应付利润""其他应交款"等科目进行核算。

9. 特殊业务会计科目设计

除上述会计科目设计外,企业还有一些特殊业务的会计科目需要设计。

(1) 解散清算业务会计科目设计。解散清算是指企业在公司章程规定的经营期限届满或公司经营不善而被依法宣告破产以及其他原因需要解散时,对企业资产、债权、债务的清理、处置过程。解散清算期间可以设置"清算损益"等科目。

（2）债务重组业务会计科目设计。债务重组是指在债务人发生财务困难的情况下，债权人按照其与债务人达成的协议或法院的裁定做出让步的事项。债务重组中，针对债权人的重组损失可以设置"债务重组损失"科目，针对债务人的重组收益可以设置"债务重组收益"科目。

（3）租赁业务会计科目设计。租赁是指出租人、承租人之间签订契约，出租人将所拥有财产的使用权在一定期间内转移给承租人，借此获得租金的一种交易行为。租赁又有一般租赁（即经营性租赁）和融资租赁之分，针对融资租赁业务可以设置"融资租赁固定资产""融资租赁负债""应收租赁款""财产税费用""应付财产税""应收租赁款""出售租赁设备收益"等科目进行核算。

三、次级会计科目设计

1. 按经济业务内容和用途设计次级科目

次级科目是指基本科目下属的各级会计科目，包括二级、三级控制科目和明细科目。不同性质的科目，次级科目的设计方法也不同。例如，根据材料的用途，"原材料"科目下可以设置"原料及主要材料""辅助材料""外购半成品""包装材料""燃料"等二级科目。在二级科目如"原料及主要材料"科目下，还可以按照原材料的种类设置三级科目。

2. 按业务部门设计次级科目

由于大中型企业的经营规模较大，其经济业务分别在几个部门中进行，因此还可以按业务部门设计次级科目。例如，"生产成本"科目可以按照基本生产部门和辅助生产部门分别设置"基本生产成本""辅助生产成本"两个二级科目。

四、会计科目使用说明的设计

会计科目使用说明的设计中应包括以下内容：

（1）会计科目的核算范围。会计科目的核算范围（核算内容）是每一个会计科目区别于其他会计科目的重要标志。使用说明首先必须说明会计科目的核算范围，确定该会计科目下的经济业务。

（2）会计科目的使用方法。使用方法要说明在具体的记账方法下，账户的结构和用途，并列举主要的经济业务，编制会计分录，说明应当记入科目的借贷方向。

（3）有关明细科目的设置办法。编写使用说明时，不仅要说明有关会计科目设置明细科目的要求和方法，还要说明明细科目的核算内容及使用方法。

（4）有关会计科目核算内容的计价方法。对于反映财产物资的会计科目，应在使用说明中清楚地表达所使用的计价方法。

▶ 复习题

1. 会计科目设计的作用有哪些?
2. 会计科目设计的基本步骤有哪些?
3. 会计科目设计的基本方法有哪些?
4. 简述会计科目设计的基本原则。
5. 按所反映的经济业务内容分类,会计科目可以分为几大类?每一大类又可以分为哪些科目?
6. 什么是次级会计科目,次级会计科目有哪些分类方法?
7. 会计科目编号的原则是什么?
8. 简述会计科目编号的方法。

▶ 思考设计题

1. A、B、C、D 四位投资人共同出资 800 万元设立灵星有限责任公司,公司主要业务是生产、加工电动车电池。当前公司已经租赁一间厂房,占地面积为 4 000 平方米,设有两个生产车间,共有员工 50 人。

具体资料如下:

(1) 公司已在中国银行开立账户。

(2) 公司向银行借款 300 万元。

(3) 公司已经购买生产所需的材料、生产设备和运输汽车以及办公所需的桌椅、电脑、打印机等设备。材料根据不同品种采用实际成本法核算。

(4) 公司在购销活动中可采用赊购、赊销方式。

(5) 公司按月支付员工工资,奖金视销售情况而定。

(6) 公司按规定缴纳增值税、所得税(其他税种暂不考虑)。

(7) 公司按税后利润提取盈余公积,并向投资人分配股利。

[提示]

对上述资料进行分析,可以得出以下内容:

(1) 公司属于工业企业,应当按照《企业会计准则》的有关规定设计会计制度。

(2) 公司的主营业务是销售产品。

(3) 两个生产车间共同发生水电费、维修费等。行政部门发生的费用主要有办公费、员工工资、水电费、折旧费等。

(4) 企业固定资产折旧方法主要有直线法和工作量法。运输汽车采用工作量法计提折旧,其余固定资产采用直线法计提折旧。

(5)桌椅等具有价值低、数量多的特点,多数是在公司开业前一次性购入,作为周转材料,采用分期摊销法核销。

请根据本章知识,帮助灵星有限责任公司设计会计科目(采用4位数编号),列出会计科目表并编制使用说明。

2. A公司预计2023年将有360万元的闲置资金。对此,公司研究决定利用闲置资金进行投资,投资分为三部分:一部分用于购买股票,一部分用于购买公司债券,一部分用于改造一条生产线。在采购和销售上,公司允许采用赊购、赊销、分期付款等方式。2023年公司将对一条粉末生产线进行智能化改造,主要用于生产钨粉、碳化钨粉等。生产出的产品存放在2号仓库。

请根据上述资料,思考以下问题:

(1)设计会计科目需要经过哪些工作环节?

(2)为A公司设计库存商品的一级会计科目、明细会计科目以及会计科目使用说明。

(3)为A公司设计对外投资的会计科目。

3. 小企业会计科目表如下所示:

小企业会计科目表

顺序号	编号	名称
(一)资产类		
1	1001	现金
2	1002	银行存款
3	1009	其他货币资金
4	1101	短期投资
5	1102	短期投资跌价准备
6	1111	应收票据
7	1121	应收股息
8	1131	应收账款
9	1133	其他应收款
10	1141	坏账准备
11	1201	在途物资
12	1211	材料
13	1231	低值易耗品
14	1243	库存商品

(续表)

顺序号	编号	名称
15	1244	商品进销差价
16	1251	委托加工物资
17	1261	委托代销商品
18	1281	存货跌价准备
19	1301	待摊费用
20	1401	长期股权投资
21	1402	长期债权投资
22	1501	固定资产
23	1502	累计折旧
24	1601	工程物资
25	1603	在建工程
26	1701	固定资产清理
27	1801	无形资产
28	1901	长期待摊费用
(二) 负债类		
29	2101	短期借款
30	2111	应付票据
31	2121	应付账款
32	2151	应付工资
33	2153	应付福利费
34	2161	应付利润
35	2171	应交税金
36	2176	其他应交款
37	2181	其他应付款
38	2191	预提费用
39	2201	待转资产价值
40	2301	长期借款
41	2321	长期应付款
(三) 所有者权益类		
42	3101	实收资本
43	3111	资本公积

(续表)

顺序号	编号	名称
44	3121	盈余公积
45	3131	本年利润
46	3141	利润分配
(四) 成本类		
47	4101	生产成本
48	4105	制造费用
(五) 损益类		
49	5101	主营业务收入
50	5102	其他业务收入
51	5201	投资收益
52	5301	营业外收入
53	5401	主营业务成本
54	5402	主营业务税金及附加
55	5405	其他业务支出
56	5501	营业费用
57	5502	管理费用
58	5503	财务费用
59	5601	营业外支出
60	5701	所得税

请思考以下问题：

（1）小企业会计科目表与《企业会计准则》中的会计科目表有何异同？

（2）试初步设计某新办小型商品流通企业的总账科目。

（3）小型商品流通企业次级科目设计有何特殊考虑？

（4）小型商品流通企业经营费用的二级科目应如何设计？

（5）本题对相关设计实务有何指导意义？

第四章　会计凭证及账务处理程序设计

[知识目标]

1. 了解原始记录设计的概况。
2. 明确会计凭证设计的范围和要求。
3. 了解账务处理程序设计的概况。
4. 熟悉各种账务处理程序的特点。

[能力目标]

1. 能根据企业业务流程等条件设计相关原始凭证。
2. 能通过原始凭证的实质设计与会计核算和财务管理联系起来。
3. 能掌握各种账务处理程序的实际应用。

导入案例

请认真阅读以下案例并思考三个问题：

1. 案例中所展示的原始凭证有何特点？
2. 案例中所展示的原始凭证有何不足之处？
3. 此原始凭证缺少什么要素？

图 1 为中央苏区时期的原始凭证，反映了当时节省运动的捐款情况。凭证内容如下：

今收到

黄塘乡工作人员捐的大洋叁角，妇女接（节）省的大洋肆元叁角，一仙运动的钱壹吊玖佰廿文。以上所收是实，勿念为要。

正主席　刘才相
副主席　郭德盛
一月五号

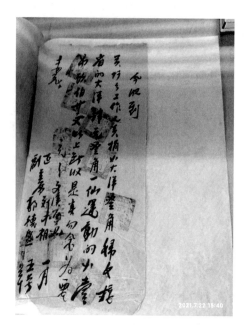

图 1　中央苏区时期的原始凭证

资料来源:瑞金中央苏区博物馆。

会计凭证是记录经济业务、明确经济责任的书面证明。以凭证为依据,既是会计工作的一大特点,又是对开展会计工作提出的基本要求。经济业务发生后,取得或填制原始凭证并据此编制记账凭证,是会计核算工作的重要内容和基础环节,也是证明经济业务发生情况的原始资料;同时,通过填制凭证,有利于加强会计监督。因此,科学地设计各种类型的原始凭证和记账凭证,建立健全会计凭证体系,并明确规定它们的作用和使用方法,是会计制度设计的重要环节。

拓展阅读

第一节　原始凭证设计

一、原始凭证设计的原则、步骤和方法

(一)原始凭证设计的原则

原始凭证具有法律性强、种类繁多、使用范围广、经手人员多等特点,设计时应遵循以下原则:

1. 全面、详细地反映经济业务发生情况

原始凭证应能详细地反映经济业务发生的时间、地点、内容、有关人员的责任等情

况,以充分发挥其作用,并加强原始凭证的管理。

2. 充分满足内部控制的要求

在设计原始凭证时,必须根据实际情况,合理确定各种凭证所需的联次数量,并明确规定各联次的用途。在落实岗位责任制的基础上,通过连续编号、复写多联等方式,促使各部门间相互制衡、相互监督,增强企业内部控制。

3. 有利于加快凭证传递,提高工作效率

在设计原始凭证时,应科学合理地确定原始凭证的传递程序,避免原始凭证在传递过程中发生重复或脱节等情况。

4. 原始凭证的种类、用途及格式力求标准化、通用化

在企事业单位内部,办理同类性质的经济业务所使用的凭证必须统一并保持稳定,不得随意变更,以方便凭证的填制和审核工作,同时节约相关设计和印刷费用。有些凭证应尽可能地在部门、系统范围内通用,有条件的还应在地区或全国范围内通用,以方便财政、税务和审计等部门的监管工作。

(二)原始凭证设计的步骤和方法

1. 根据实际确定需要设计的原始凭证种类

通常采用"排除法",即首先确定本单位经济业务的种类以及各类经济业务之间的关联,然后根据各类经济业务的内容确定所需的原始凭证有哪些,最后排除其中属于外来的、由国家有关行政管理部门统一印制管理的凭证,剩下的应考虑可否在市场上购买到,再确定需要设计的原始凭证种类。

2. 明确原始凭证的基本要素和用途

虽然各种原始凭证反映的经济业务的内容不同,但它们的基本要素相同,均包括:①凭证的名称;②填制凭证的日期;③凭证的编号;④接受凭证的单位名称(俗称抬头);⑤经济业务的内容,包括经济业务的数量和金额;⑥填制单位和经手人员的签章;等等。

为确保所设计原始凭证的格式、联次数量及流转程序的准确性,设计时还应明确各种原始凭证具体的用途,而原始凭证所反映的经济业务内容决定其用途。

3. 绘制原始凭证的格式

在拟定凭证项目时,不仅要全面体现基本要素的内容,还要兼顾凭证所反映经济业务的内容及管理方面的特殊要求,尽量做到项目数量适中、项目含义表达准确。在具体绘制原始凭证的格式时,应注意考虑如何对所有凭证项目做出科学合理的安排。

4. 规定原始凭证的流转程序

原始凭证流转程序的设计是原始凭证设计中极其重要的一环。原始凭证流转程序是指凭证从填制或取得起,经审核、办理业务手续、整理,直到会计部门记账、装订、保管等凭证处理和运行的全过程。只有设计科学合理的原始凭证流转程序,才能充分发挥其在会计核算中的作用。原始凭证流转程序的设计内容如图4-1所示。

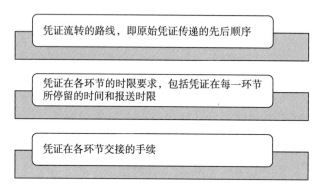

图4-1　原始凭证流转程序的设计内容

值得注意的是,原始凭证的流转程序除结合各项经济业务的业务处理程序和会计处理程序,以文字或图式加以规定和说明外,还应在所设计的原始凭证上标明人员签章,并在复写凭证上标明各联的用途。

5. 建立原始凭证的保管制度

建立原始凭证的保管制度主要包括两方面内容:①建立空白原始凭证的保管制度。对于自行印刷或外购的空白原始凭证,应指定专人负责管理。重要的空白原始凭证(如空白支票等)都应编号登记,领用和交回存根时都应履行手续,以确保其安全、完整。此外,还应抽查已交回的、使用过的原始凭证存根,核对存根中的列示数与实际收付款数是否一致。②建立已入账原始凭证的保管制度。对于已入账原始凭证的归档、保管方法、保管年限、调阅及复制、销毁等方面,应做出明确规定,防止丢失。

二、主要原始凭证的设计

不同的原始凭证反映不同的经济业务,按照经济业务的种类,将各类经济业务所需的主要原始凭证分别进行如下设计:

1. 货币资金业务原始凭证的设计

反映货币资金业务的原始凭证具有下列特点:①既有外来原始凭证,又有自制原始凭证;②既有通用凭证,又有专用凭证;③从填制手续看都是一次凭证。

货币资金业务原始凭证包括反映银行存款业务的原始凭证和反映现金业务的原始凭证(如图4-2所示)。我国反映银行存款业务的原始凭证实行专用,无须自行设计,而反映现金业务的原始凭证大多需要自行设计。因此,反映现金业务的原始凭证是货币资金业务原始凭证的设计重点。

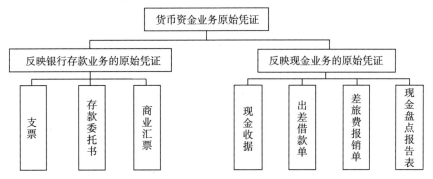

图4-2 货币资金业务原始凭证

常用的反映现金业务的原始凭证的基本格式和内容设计如下:

(1)"现金收据",一般设计一式三联,一联作为存根备查,一联送交付款单位(或个人收执)作为报销凭证,一联作为会计记账的凭据。其格式如表4-1所示。

(2)"出差借款单",一般只设计一联,由借款人填写,送交其所在单位负责人审核签字,再送交财务部门负责人审批后,由出纳予以付款并送交会计进行账务处理。其格式如表4-2所示。

(3)"旅差费报销单",属于汇总原始凭证,只设计一联。由出差人、会计主管人员共同填制,经有关人员签章后,会计据此及所附原始凭证进行账务处理。其格式如表4-3所示。

(4)"现金盘点报告表",一般设计两联,一联由出纳留存,一联送交会计审查后编制记账凭证。小型企业可以不设计该凭证。其格式如表4-4所示。

表4-1 现金收据

年　月　日　　　　　　　　　　　字第＿＿＿号

交款单位或个人名称	
收款事由	
人民币(大写)	￥
注:本收据无单位公章无效	

收款单位:　　　　出纳:　　　　审核:　　　　交款人:

表4-2　××公司出差借款单

年　月　日　　　　　　　　　　　　字第___号

借款人姓名		所在单位或部门	
出差地点		出差事由	
往返时间	借款金额	预计还款日期	
人民币(大写)			

审批：　　　　出纳：　　　　借款单位负责人：　　　　借款人：

表4-3　差旅费报销单

附件　　张数　　　　　　　　　　　　　　　　　　年　月　日

出差人									出差地点		
出差事由											
起点			终点			天数	人数	补贴标准	补贴金额	项目	金额
月	日	地点	月	日	地点						
										车船费	
									报销单单据	市内交通费	
										住宿费	
										会议费	
										杂费	
		小计								小计	
合计金额											

领导签字：　　　　　　　　　出差人签字：

表4-4　xx公司现金盘点报告表

项目	货币资金		会计报表日：　年　月　日	
货币面额(元)	张数	金额	盘点日期：　年　月　日	
100			项目	金额（元）
50			盘点日账面余额	
20			加:收入未入账	
10			减:付出未入账	
5			调整后现金余额	
2			实点现金	

(续表)

货币面额(元)	张数	金额	项目	金额(元)
1			长款	
0.5			短款	
0.1			加:付出未入账数	
合计			减:收入未入账数	
清点现金合计			倒扎到　年　月数	
调整事项处理意见及审计结论	1.长款、短款的处理:			
	2.倒轧推算资产负债表现金余额:			
	3.结论:			
签字	企业负责人:		日期:	
	会计主管:		日期:	
	出纳:		日期:	
编制人及日期		复核人及日期		

2. 工资业务原始凭证的设计

工资业务主要包括工资结算和工资分配。企业应建立健全员工出勤记录和生产记录,并设计严格的控制程序、构建完整的凭证体系,防止工资业务中造假、舞弊等行为的发生。反映工资业务的原始凭证主要有"工资单""集体计件工资表""工资分配汇总表"等。

其中,"工资单"由劳务部门和财务部门根据不同的车间、科室、工段或小组,按月进行编制。通常一式三份,一份由劳务部门留存,一份送交财务部门进行账务处理,一份按每个职工裁成单条交由职工自己留存。其格式如表4-5所示。

"集体计件工资表"。"计件工资表"包括"个人计件工资表"和"集体计件工资表",其中"集体计件工资表"适用于工艺过程要求集体完成,不能直接计算个人完成合格产品的数量的工种。

"工资分配汇总表"是用来记录各受益对象应负担工资费用的应计成本项目或费用项目、直接计入金额和分配计入金额的原始凭证。除包括原始凭证的一般内容外,其还包括各受益对象应负担工资费用的应计成本项目或费用项目、直接计入金额和分配计入金额。

表 4-5　××单位工资单

车间或部门：　　　　　　　　　　　　年　　月

工号	姓名	计时工资			计件工资	加班工资	奖金	津贴	应发工资	代扣款项							实发工资	领款人签章
		日工资率	出勤天数	金额						房租	水电费	工会费	借支	幼托费	其他	合计		
合计																		

车间或部门负责人：　　　工资核算员：　　　复核：　　　制单：　　　出纳：

3. 固定资产业务原始凭证的设计

固定资产业务主要包括固定资产的购入、接受捐赠、工程完工验收、折旧、报废、盘盈和盘亏等，反映固定资产业务的原始凭证有"接受捐赠固定资产情况表""固定资产验收单""工程验收决算报告""固定资产折旧计算表""固定资产报废单""固定资产盘盈盘亏报告表""固定资产内部转移单"等。由于固定资产业务不经常发生，该类原始凭证也不经常使用，因此一般没有固定格式，而多采用书面说明的办法或自行设计专用凭证。但由于固定资产业务复杂，需要在凭证上反映的内容较多，因此设计该类原始凭证比较麻烦，通常需要与固定资产管理部门进行协商。

"固定资产报废单"一般设计一式两联，由固定资产管理部门或使用单位提出报废申请并进行填制，经相关部门审批后，一联作为固定资产清算的依据，由财务部门留存，一联由固定资产管理部门或使用单位留存备用，登记固定资产卡片。其格式如表 4-6 所示。

表 4-6　固定资产报废单

固定资产名称＿＿＿＿＿＿＿　　　　　年　月　日　　　　　字第　　号

编号	规格型号	单位	数量	预用年限	已用年限	原始价值	已提折旧	残值	附属设备	备注
固定资产状况及报废原因										
处理意见	使用部门			技术鉴定小组			设备管理部门		主管部门	

4. 采购业务原始凭证的设计

采购业务发生后,必须首先取得供货单位的"发票"、运输单位的"运单"、银行的结算凭证及其他有关凭证,在此基础上,核算材料的实际采购成本,并反映材料入库的实际情况。反映采购业务的原始凭证有"材料采购成本计算单""材料入库单"。其中,"材料入库单"一般设计一式三联,一联由仓库留存,用以登记材料卡片;一联由供货单位留存;一联送交财务部门进行账务处理。其格式如表4-7所示。

表4-7 材料入库单

供货单位＿＿＿＿＿　　　　　　年　月　日　　　　　　入字第＿＿＿号
发票编号＿＿＿＿＿　　　　　　　　　　　　　　　　　　收料仓库＿＿＿

材料类别	材料名称	规格与型号	计量单位	数量		计划单价	金额	备注
				应收	实收			

仓库负责人：　　　　　　　　收料人：　　　　　　　　交料人：

应当指出,若材料按实际成本计价,则"计划单价"一栏应按"实际成本"设计。若管理需要,则金额栏内还应分别设计材料购买价格和采购费用项目。

5. 存货业务原始凭证的设计

存货业务主要包括存货的收发、存放和盘点等。反映存货业务的原始凭证有"限额领料单""产品入库单""收发料汇总表""委托加工材料出库单""存货盘点报告表"等。其中,"限额领料单"属于累计领料凭证,在有效期限(最多一个月)内,只要领用不超过限额,即可连续使用。该凭证由生产计划部门或材料供应部门在每月开始前根据生产计划、材料消耗定额等有关资料,按照材料的用途填制。"限额领料单"通常设计一式两联,一联交由仓库据以发料,一联交由领料单位据以领料。其格式如表4-8所示。

表4-8 限额领料单

领料单位＿＿＿＿＿＿＿　　　　　　年　月　　　　　　　字第＿＿＿＿＿号
材料名称＿＿＿＿＿＿＿　　　　　　　　　　　　　　　　发料仓库＿＿＿
用　　途＿＿＿＿＿＿＿　　　　限额＿＿＿＿＿＿＿　　　计量单位＿＿＿

日期	本次领用数	累计领用数			超支	结余	领料人	备注
		数量	单价	金额				
合计								

领料单位负责人：　　　　　　发料人：　　　　　　材料供应部门负责人：

6. 成本核算业务原始凭证的设计

反映成本核算业务的原始凭证主要包括材料发出、工资费用分配、折旧计提及分配等方面的原始凭证,这些原始凭证已经在上述业务中分别做了介绍,不再赘述,此处重点介绍"产品成本计算单"。其格式如表4-9所示。

表4-9 产品成本计算单

年 月 日

产品名称: 　　　　　　　计量单位: 　　　　　　　字第　　号

成本项目	月初在产品成本	本月费用	生产费用合计	月末在产品成本	产成品成本			备注
					数量	总成本	单位成本	
合计								

会计主管: 　　　　　　　　　　　　　　　　　　　　　　制单:

7. 销售业务原始凭证的设计

反映销售业务的原始凭证主要是"销货单"(或称"发货票")。由于产品销售方式不同,"销货单"的内容及名称也不一致。此外,如果销货单位为购货单位代垫运费,那么还应设计"代垫运费清单";如果存在较多的销货退回业务,那么还应设计"销货退回收货单"。

需要指出的是,销售凭证不仅是销货单位的自制原始凭证,还是购货单位的外来原始凭证,因此在满足销货单位需要的同时,还要满足购货单位的需求,保证凭证的内容齐备、形式美观大方。

"销货单"一般设计一式五联:①存根联,交由销售部门留存;②发票联,交由购货单位报账;③收款联,交由财务部门办理收款并进行会计核算;④发货联,交由仓库凭以发货并登记仓库台账;⑤代出门证联,交由门卫存查。需要指出,"销货单"的发票联必须加盖销货单位的财务专用章,否则无效。代出门证联可以取消,另行开具。其格式如表4-10所示。

表4-10 销货单

年 月 日

销字第___号

购货单位或个人　　　　　　　　　　　　　　　　　　　　　　发货仓库___

货号	品名	规格与型号	计量单位	数量	单位	金额	备注
合计(金额大写)							

业务主管: 　　　会计: 　　　制单: 　　　保管: 　　　提货人:

"代垫运费清单"一般设计一式三联,一联加盖公章后随同货物运输收费单一起送交购货单位;一联送交财务部门进行会计核算;一联交由销售部门存查。其中,交由销售部门存查的一联可以取消,设计成一式两联。

三、原始凭证设计的注意事项

原始凭证从内容设计方面大致可分为反映财产物资增减变化的原始凭证、反映货币资金收支变化的原始凭证和反映费用分配成本计算的原始凭证三类,各类原始凭证在设计时的注意事项如下:

(一)反映财产物资增减变化的原始凭证

该类原始凭证用以反映和记载各种固定资产、材料、燃料、低值易耗品、产成品等的增减变动情况,如"材料入库单""限额领料单""产品入库单""存货盘点报告表""销货单"等。对各类财产物资的核算涉及实物核算和价值核算,需要提供详细的实物数量指标和价值指标。因此,设计该类原始凭证时,除符合原始凭证设计原则外,还应注意下列问题:

(1)凭证中必须设计各种财产物资的品名、类别、规格型号、计量单位、数量、单价等内容,以便对经济业务进行检验和检查,对实物进行核算。

(2)无论设计几联,最好将各联次用不同的颜色区分,使用时采用复写的方式。

(3)当财产物资的变动牵涉外单位时,必须在有关联次里加盖公章,如"销货单"的发票联,并设计金额大写栏。

(二)反映货币资金收支变化的原始凭证

该类原始凭证用以反映和记载库存现金、银行存款的收支情况。由于银行存款结算的有关凭证实行专用,因此该类凭证的设计主要是现金有关凭证的设计,如"现金收据""出差借款单""差旅费报销单""现金盘点报告表"等,设计时应注意以下问题:

(1)凭证的金额必须设置大写、小写金额栏,且大小写金额必须一致。

(2)必须设置经济业务说明栏,摘要记录经济业务的内容,表明货币资金收支的原因。

(3)相关责任人的签章必须齐全,包括业务经办人、审核人,尤其是出纳。付款原始凭证还应有相应负责人签章。

(4)付款原始凭证一般应加盖外单位公章,收款原始凭证应加盖本单位公章。

(三)反映费用分配成本计算的原始凭证

该类原始凭证用以反映和记载费用分配及成本计算情况,如"材料采购成本计算单"

"产品成本计算单""材料费用分配表""制造费用分配表""工资分配汇总表"等,设计时应注意以下问题:

(1)必须与本单位生产特点和管理需要紧密结合,符合本单位的实际情况,反映本单位的特殊要求。

(2)正确划分各栏目的具体内容,明确各栏目之间的勾稽关系、计算依据和相应的方法,以保障计算的准确性和及时性。

(3)费用分配表上应设计费用的分配标准及分配率,并置于醒目的位置,以便进行运算;成本计算单则应列出数量等内容,以便计算产品的单位成本。

(4)该类原始凭证仅限于内部使用,因此仅设计制证人和主管会计人员的签章,不必加盖公章。此外,金额只要求小写,不必设计大写金额。

第二节 记账凭证设计

记账凭证是会计人员依据准确无误的原始凭证填制,用来简要说明经济业务内容,确定会计分录的一种会计凭证。作为会计核算的一种基本方法,记账凭证在会计核算中的作用至关重要:首先,记账凭证作为连接原始凭证和账簿记录的桥梁,可以确保账簿记录的准确性;其次,填制记账凭证有助于充分发挥会计监督作用,通过记账凭证填制前的原始凭证审核工作,可以及时发现并有效处理不合理、不合法的经济业务;再次,记账凭证可以加强会计机构内部的相互制约与协作,落实岗位责任制;最后,记账凭证可以为事后查账提供极大的方便。正因为记账凭证有上述作用,所以我们必须科学地对其进行设计。

一、记账凭证设计的原则

记账凭证与原始凭证虽有紧密的联系,但又存在明显的区别。因此,记账凭证的设计在符合内部控制和力求标准通用化的基础上,还应遵循以下原则:

(1)具备记账凭证的基本内容。包括:①单位的名称;②记账凭证的名称,如"收款凭证";③记账凭证的日期;④记账凭证的编号;⑤经济业务的简要说明(摘要);⑥使用的会计科目(一级科目、明细科目)的名称及增减变动金额;⑦所附原始凭证的张数;⑧已过账符号;⑨相关人员(会计主管、填制人、审核人、记账人、出纳等)的签章。

(2)适应所使用的账务处理程序。不同的账务处理程序要求有不同种类的记账凭证。例如,在记账凭证账务处理程序下,可以设计"收款凭证""付款凭证"和"转账凭证"三种形式,也可以设计统一的"记账凭证"。但在科目汇总表账务处理程序下,最好分设

"收款凭证""付款凭证"和"转账凭证",并相应设计"汇总收款凭证""汇总付款凭证"和"汇总转账凭证"。

(3)满足账簿登记的需要。记账凭证是登记账簿的主要依据,由于账簿有总账和明细账之别,为了使总账和明细账的登记都有据可依,在设计记账凭证时,会计科目必须分清总账科目、子目和纲目,以便分别记载其增减变化。此外,为了使记账凭证与账簿之间的联系更加紧密,应在记账凭证上设计"账页"一栏,便于反映凭证中各项数字对应记入账簿的页码。

二、记账凭证设计的步骤和方法

(一)确定所使用的记账凭证种类

设计单位规模的大小、经济业务量的多少、会计机构内部分工的粗细及会计核算形式等均会对记账凭证产生影响。一般情况下,小型经济单位仅需设计单一、通用的记账凭证;大中型经济单位为了区分各项经济业务,通常应设计收款凭证、付款凭证和转账凭证,以便对记账凭证进行分类汇总,简化登记总账的工作,提高工作效率。

记账凭证分为复式记账凭证和单式记账凭证。在设计记账凭证时,应确定是采用复式记账凭证还是采用单式记账凭证,在此基础上设计凭证格式。

(二)明确记账凭证的内容

其一,应明确记账凭证的基本内容。记账凭证的基本内容是记账凭证发挥作用所必须具备的基本要素。其二,根据实际需要确定记账凭证的其他内容。例如,外币凭证中应设有外币金额、外币折算汇率等内容。

(三)设计记账凭证的格式

在确定记账凭证的种类后,即可按照记账凭证的设计原则设计记账凭证的格式。这一步是设计记账凭证的关键环节。

在设计记账凭证时,应考虑以下要求:既要保证记账凭证在记账工作中起到分录指示作用,又要考虑记账凭证的基本格式已经约定俗成;除非十分必要,企业应尽量采用国家有关部门统一印制的记账凭证以简化设计工作。

三、记账凭证设计的其他问题

(一)记账凭证设计应注意的问题

记账凭证的格式设计完毕后,应明确规定各种记账凭证的用途、使用方法及注意事项,确保各种记账凭证的合理使用,记账凭证的用途符合经济业务的内容。

由于记账凭证是对原始凭证内容的分类汇总和会计加工,反映了经济业务发生后引起的资金变动情况,因此企业必须建立健全记账凭证管理制度,与原始凭证一同保管、销毁。

(二)记账凭证传递的设计

为了保证会计工作有序进行并及时提供会计资料,防止会计凭证的失散及账户记录的遗漏,应对会计凭证的传递加以规定。

会计凭证的传递主要包括原始凭证的传递和记账凭证的传递。对于原始凭证的传递,应明确规定正确的传递路线以及各环节的停留时间,以便其及时传递到财务部门。不同原始凭证的传递路线有所不同,应定时、定点、定人传递。原始凭证到达财务部门后的传递程序如图4-3所示。

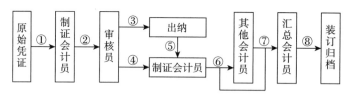

图4-3 原始凭证到达财务部门后的传递程序

说明:

① 财务部门收到原始凭证后,按凭证内容和会计人员的分工,交有关会计编制记账凭证。

② 制证后立即交负责凭证审核的会计人员审核。

③ 审核无误的收款、付款凭证转给出纳收款、付款,并编号和登记现金、银行存款日记账。

④ 审核无误的转账凭证退还给原始凭证制证会计员进行编号,并登记其负责掌管的账簿。

⑤ 出纳过账后的收款、付款凭证转给原始凭证制证会计员登记明细账。

⑥ 记账凭证由制证会计员传给其他有关会计员,登记明细账。

⑦ 采用汇总记账凭证账务处理程序、科目汇总表账务处理程序的,月(旬)末将全部凭证集中到负责凭证汇总的会计员,以编制汇总记账凭证或科目汇总表,并据以登记总账。

⑧ 次月初,全部凭证交负责装订凭证的会计员装订成册,暂存财务部门的会计档案室保管。

(三)记账凭证封面的设计

每月终了,所有会计凭证应按照时间顺序、凭证类别以及编号顺序整

重难点视频讲解

理并装订成册。装订时应加封面,封面一般采用牛皮纸,以免撕裂。封面内容一般包括凭证名称、本册凭证的起止号码及起止日期、册数号码、装订人签章、装订日期等。

第三节　账务处理程序设计

账务处理程序又称会计核算形式或会计核算组织程序,是指从填制会计凭证、登记会计账簿到编制会计报表的整个过程。在这一过程中,由于各部分的组织和结合方式不同,产生了不同的账务处理程序。科学合理的账务处理程序对于保证会计核算质量、简化会计核算工作、提高会计工作效率等具有重要作用。

一、账务处理程序设计的原则、步骤及特点分析

(一) 账务处理程序设计的原则

账务处理程序设计应遵循以下原则:

(1) 符合本单位的实际情况;

(2) 有助于凭证、账簿和报表之间的协调;

(3) 有利于简化会计工作,提高工作效率;

(4) 有利于加强内部控制。

(二) 账务处理程序设计的步骤

1. 原有单位账务处理程序改进设计的步骤

(1) 根据对该单位生产经营特点和管理要求的调查,大致规划出单位适用的账务处理程序的类型。必要时,可以绘制账务处理程序的草图。

(2) 按照草图的要求安排账簿组织,设计各核算环节使用的会计凭证、序时账簿、分类账簿和会计报表等,并使它们各自形成独立的完整体系。

(3) 在设计各个具体核算环节的内容时,如果发现事先规定的账务处理程序存在不妥之处,就应进行适当的修改,适当调整草图。

2. 新建单位账务处理程序设计的步骤

(1) 根据单位生产经营特点和管理要求,分别设计所需的凭证、账簿及报表的种类和格式,并各自形成独立的完整体系。

(2) 将各种凭证、账簿、报表等,结合记账方法有机地组合起来,确定它们之间的联系和记账程序,构成整体账务处理程序。

(3) 对不适应或不利于整体账务处理程序实施的核算环节,进行适当的修改或补充。

(三)各种账务处理程序的特点分析

1. 逐笔过账的账务处理程序

逐笔过账的账务处理程序是最基本的账务处理程序,同时也是其他账务处理程序产生的基础。它可以直接以记账凭证为依据进行总账登记,不需要汇总记账凭证。具体运用时主要有两种形式:记账凭证账务处理程序和日记总账账务处理程序。

(1)记账凭证账务处理程序。这种账务处理程序的特点是:直接根据记账凭证登记序时账和明细账;或者根据记账凭证逐笔登记总账,再根据账簿记录编制会计报表。

这种账务处理程序的优点是简便易懂,缺点是重复劳动。这种账务处理程序下记账凭证同时登记两次,一次过入明细账(包括序时账),一次过入总账,因此过账工作量有两倍,稍有不慎则必然导致明细账或总账出错。综上,记账凭证账务处理程序仅适用于规模较小、经济业务量较少的企业和单位。

(2)日记总账账务处理程序。日记总账账务处理程序是指根据记账凭证逐笔登记日记总账。由于日记总账兼具日记账和总账两种功能,因此日记总账是一种联合账簿,既序时记录又分类记录。

这种账务处理程序的优点是:克服了重复劳动这一不足,可以提高工作效率;可以看出经济业务的账户对应关系。缺点是:在经济业务量较多、会计科目复杂的情况下,其账页篇幅较大、记账容易串行,且不利于会计人员分工。因此,日记总账账务处理程序也仅适用于经济业务量较少、会计科目较少的企业和单位。

2. 凭证汇总的账务处理程序

凭证汇总的账务处理程序是指先按时间、科目对记账凭证进行汇总,得出各科目在一定时期内的发生额合计数;再将此合计数记入总账,并据以编制会计报表的账务处理程序。由于汇总的方式不同,又分为科目汇总表账务处理程序和汇总记账凭证(或记账凭证汇总表)账务处理程序。凭证汇总的账务处理程序如图4-4所示。

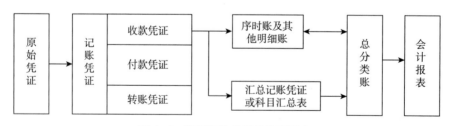

图4-4 凭证汇总的账务处理程序

科目汇总表账务处理程序的特点是编制科目汇总表。其优点是手续简便,具体的发生额可以在一张表中反映出来。

汇总记账凭证账务处理程序的优点是:可以明确反映各科目的对应关系,简化登记总账的工作。缺点是：对记账凭证分别汇总的过程较为烦琐，不适用于规模较小、经济业务量较少的企业和单位。

二、账务处理程序的具体设计

账簿组织是账务处理程序的中心，"原始凭证—记账凭证—账簿—会计报表"是账务处理程序的主框架。

1. 记账凭证账务处理程序的具体设计

记账凭证账务处理程序的具体设计如图4-5所示。

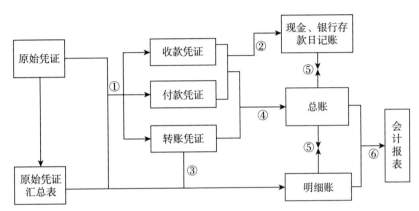

图 4-5　记账凭证账务处理程序

2. 日记总账账务处理程序的具体设计

日记总账账务处理程序的具体设计如图4-6所示。

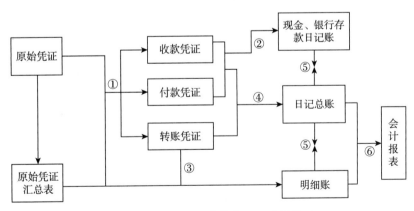

图 4-6　日记总账账务处理程序

3. 科目汇总表账务处理程序的具体设计

科目汇总表账务处理程序的具体设计如图 4-7 所示。

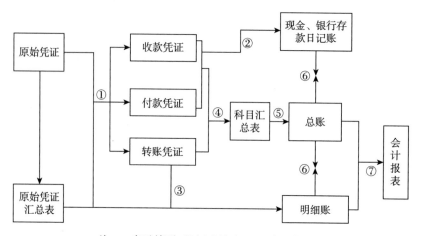

注：→表示填列、登记或编表，→←表示核对。

图 4-7 科目汇总表账务处理程序

4. 汇总记账凭证账务处理程序的具体设计

汇总记账凭证账务处理程序的具体设计如图 4-8 所示。

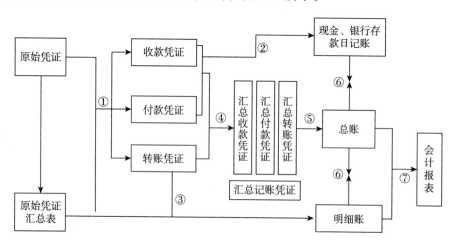

注：→表示填列、登记或编表，→←表示核对。

图 4-8 汇总记账凭证账务处理程序

三、各种账务处理程序的区别

各种账务处理程序的区别具体如表 4-11 所示。

表 4-11　各种账务处理程序的区别

账务处理程序类型		特点	凭证组织和账簿组织	优缺点	适用性
逐笔过账账务处理程序	记账凭证账务处理程序	①根据收款凭证、付款凭证和转账凭证直接登记明细账、现金日记账、银行存款日记账、总账 ②不经过汇总，直接登记总账	可采用通用记账凭证，也可采用收款凭证、付款凭证、转账凭证。账簿组织设置三栏式总账、三栏式现金日记账和三栏式银行存款日记账，明细账可根据管理需要选用三栏式明细账、多栏式明细账、数量金额式明细账和横线登记式明细账	优点：记账程序清楚简单、简明易懂，总账记录详细，便于查账 缺点：总账登记的工作量较大	规模小、经济业务量少的企业和单位
	日记总账账务处理程序	①根据记账凭证逐日逐笔地登记日记总账 ②根据记账凭证直接登记日记总账	可采用通用记账凭证，也可采用收款凭证、付款凭证、转账凭证。日记总账应采用联合账簿，账簿组织设置三栏式现金日记账、三栏式银行存款日记账，明细账则可根据管理需要选用三栏式明细账、多栏式明细账、数量金额式明细账和横线登记式明细账	优点：采用联合账簿，可以进行序时登记和分类登记；便于会计分析、会计监督 缺点：当存在较多的总账账户时，账页过长，使用不便，易出现错账；会计人员较多时，不便于会计人员内部分工	经济活动内容简单、一级会计科目较少的小企业和单位
凭证汇总账务处理程序	科目汇总表账务处理程序	①根据收款凭证、付款凭证、转账凭证，定期编制科目汇总表 ②根据科目汇总表登记总账	可使用单式记账凭证，也可使用收款凭证、付款凭证、转账凭证。应当设置科目汇总表，定期对记账凭证进行汇总。账簿组织通常设置三栏式总账、三栏式现金日记账及三栏式银行存款日记账。也可采用以科目汇总表替代总账的方法	优点：减少总账登记的工作量；核查记账凭证借方发生额和贷方发生额是否平衡 缺点：无法反映科目的对应关系，不便于分析、检查各项经济业务	适用范围广，大中小型企业等均适用
	汇总记账凭证账务处理程序	①根据收款凭证、付款凭证、转账凭证，按科目之间的对应关系定期编制汇总记账凭证 ②月末根据汇总记账凭证登记总分类账	采用收款凭证、付款凭证和转账凭证。此外，还应设置汇总收款凭证、汇总付款凭证和汇总转账凭证。账簿组织设置三栏式总账，还应设置对方科目专栏。可根据管理需要设置三栏式现金日记账、三栏式银行存款日记账、明细账	优点：减少总账登记的工作量；反映账户的对应关系，便于对经济业务进行分析、检查 缺点：对于经济业务较少的企业和单位来说，编制汇总转账凭证的工作量较大	经济业务较多的企业和单位

四、账务处理程序的选择

一般而言,业务种类繁简、会计机构设置与人员分工以及会计核算手段等方面的差异,不会对企业对外报表的编制及税务的申报产生影响。但企业管理和决策容易对会计信息产生依赖性,因此在选择账务处理程序时就会产生差异。具体的账务处理程序的选择如表 4-12 所示。

表 4-12 账务处理程序的选择

依据	企业、业务类型	账务处理程序的选择
企业管理和决策	中小型企业	记账凭证账务处理程序
	大中型企业	汇总记账凭证、科目汇总表或多栏式日记账账务处理程序
	特大型企业	科目汇总表账务处理程序
业务种类繁简	较为单一、时效性较强的银行业务	选择原始凭证代替记账凭证,直接根据科目日结单登记总账
	业务单一的企业	汇总记账凭证账务处理程序
	业务较多的企业	科目汇总表账务处理程序
会计机构设置与人员分工	大型企业	记账凭证或科目汇总表账务处理程序
会计核算手段	采用手工处理的企业	减少工作量的账务处理程序
	采用会计电算化的企业	提供更多、更有用的会计信息的账务处理程序

企业选择了一种账务处理程序之后,还需结合自身状况做进一步的分析,找出其与实际业务的不协调之处加以补充和完善甚至创新,从而形成一个比较完善的、高效的、符合本企业实际情况的账务处理程序。

▶ 复习题

1. 设计会计凭证有何意义?
2. 原始凭证设计应遵循哪些原则?
3. 设计原始凭证为什么必须具备原始凭证的基本内容?
4. 反映财产物资、货币资金、费用成本的原始凭证,设计时应分别注意哪些问题?
5. 原始凭证的设计步骤有哪些?
6. 设计记账凭证应注意哪些事项?应按照哪些步骤进行设计?
7. 复式记账凭证与单式记账凭证的设计有何区别?
8. 什么是账务处理程序?设计账务处理程序有何意义?

9. 账务处理程序有哪几种？它们的主要区别是什么？

10. 账务处理程序设计应符合哪些要求？简化会计工作量可以采用哪些方法？

11. 科目汇总表账务处理程序下凭证、账簿、记账程序应如何设计？

12. 汇总记账凭证账务处理程序下凭证、账簿、记账程序应如何设计？

13. 企业应如何选择账务处理程序？

➤ 思考设计题

1. 胜利有限公司是一家生产儿童玩具的小型企业，共有30名员工。公司在6月发生了以下业务：

6月1日，采购员小刘出差借款1 500元。

6月5日，收到5月的销售货款12 000元。

6月6日，从甲公司购入一批办公设备，转账支票支付，设备总价为3 000元。

6月10日，向乙公司销售800件产品，该笔货款尚未收到，开具的发票金额为16 000元。

6月12日，购买一批材料，价格为4 000元，材料已验收入库。

6月15日，现金支付员工工资90 000元。

6月16日，为乙公司代垫运费500元。

6月18日，生产领用材料，价格为1 000元。

6月20日，收到乙公司所欠的货款及运费。

6月24日，采购员小刘报销差旅费1 000元。

6月29日，本月完工产品3 000件，产品已验收入库。

请为胜利有限公司设计原始凭证、记账凭证。

[提示]

胜利有限公司可以采用通用记账凭证；原始凭证应设计借款单、差旅费报销单、收据、销货单、固定资产验收单、收料单、发料单、入库单、工资单、代垫运费清单等。

2. S公司成立了火车票、机票代售处，并已办理营业执照。经过事先调查，可以获得以下资料：

(1) S公司与代售处是承包与被承包的关系，实行单独核算。

(2) 在代售处开设之初，S公司累计向其拨付15万元的周转金作为注册资本。

(3) S公司租入一家店面作为代售处的办公场所，按照合同每月交纳租金。店面需要简易的装修。

(4) 代售处的收入主要来源于代售票的手续费，由车站、机场按规定给付。

（5）代售处购入电脑、无线电话若干台，以及一些必需的办公设备等。

（6）代售处与车站、机场的结算方式为：首先领回车/机票，每5天结算一次支付全部票款，最后取得手续费收入。

（7）代售处每年向S公司交纳一定数额的承包费。

（8）代售处员工均为S公司职工，开业后其工资、福利由代售处自理。

（9）S公司和代售处按规定缴纳税金。

（10）代售处已在A银行单独开立账户。

试设计S公司和代售处的账务处理程序。要求：

（1）画出流程图。

（2）说明各自的优缺点。

3. 甲、乙决定合股投资1 000万元经销服装、家电及百货产品，并开设咖啡厅。已租下四层楼房一栋，其中一楼为百货超市，二楼为服装商场，三楼为家电商城，四楼为咖啡厅。已办理营业执照，准备开业。兹委托D会计师事务所设计一套新的会计制度。经事先调查，获得如下资料：

（1）公司名称为宏光有限责任公司。

（2）公司已在浦发银行开立账户。

（3）除甲、乙合股投资外，还准备向银行借款和吸收他人投资（注意：他人投资部分作为长期应付款，按照银行同期存款利率上浮15%支付利息）。

（4）楼房需重新装修才能营业。

（5）公司需购入收款机、货架、柜台、音响、桌椅、咖啡机等设备，以及两辆运输汽车。

（6）商场销售商品按售价记账，可赊购赊销。

（7）咖啡厅的收入作为非主营业务收入处理。

（8）聘请若干名店员，每月按计时工资发放工资，奖金视销售情况而定。

（9）房屋租金按月支付。

（10）按规定缴纳增值税、所得税（其他税种暂不考虑），税率按国家规定执行。

（11）销售费用、管理费用等由商场和咖啡厅分摊。

（12）商场和咖啡厅的利润应分别计算，并按规定提取公积金。

（13）公司的包装物（纸箱等）可以出售给废品公司。

请设计宏光有限责任公司的商品入库单和记账凭证。要求：

（1）入库单应反映商品名称、规格、产地、供应单位、数量、单价、金额、验收人等信息。

（2）确定公司采用何种记账凭证并进行设计。

实验题

甲公司 2023 年预计实现盈利 6 000 万元，员工人均月工资超过 6 000 元，员工总计 100 人，春节期间给全体员工每人发放 600 元的现金。

1. 请设置五种原始凭证（或原始凭证组合）进行账务处理。
2. 分析各种账务处理程序可能对哪几个方面的企业利益产生影响。
3. 计算各种账务处理程序对企业所得税和个人所得税（假设个人所得税适用税率为 5%）的影响。
4. 分析以上设计的条件有哪些。
5. 如何理解原始凭证设计的基础性和重要性？
6. 如何理解原始凭证的形式设计与实质设计的关系？并重新体会实质重于形式的会计原则。
7. 撰写不少于 200 字的实验报告，内容至少包括体会及建议。

第五章 账簿设计

[知识目标]

1. 了解账簿设计的原则和基本要求。
2. 明确账簿设计的内容和范围。

[能力目标]

1. 能根据企业具体情况设计(含购买)一套可行的账簿体系。
2. 能设计可行的备查账。

导入案例

请认真阅读以下案例并思考三个问题:

1. 如何评价该日记账?
2. 该日记账有何需要完善之处?
3. 该日记账在当时条件下有何作用?

图1日记账为中央苏区时期较为规范的账簿,其品相不佳,封面缺失,中间被撕掉一页,但其他要素尚完整。它对中央苏区时期的预算管理有很大帮助。

图1 中央苏区时期的日记账

资料来源:瑞金中央苏区博物馆。

第一节　账簿设计概述

账簿设计,即明确指定账簿的种类、账簿的内容、账簿的格式、账簿的数量以及科学合理的登账方法等,建立一套合理、完整的账簿体系。

一、账簿设计的要求

账簿设计应满足以下要求:

(1) 尽量避免在数据处理工作中一些非必要、无效、烦琐的劳动,使会计人员从大量的日常事务中摆脱出来,提高其分析、管理水平。

(2) 会计核算上,尽量减少重复登记,提高数据自动平衡、校验的能力。

(3) 精简数据处理程序,确保信息输出的及时性。

(4) 力求轧账容易、查账迅速。

(5) 提高信息输出的多样性,满足企业经营管理的客观要求。

拓展阅读

二、账簿设计的原则

要使账簿组织科学、合理,账簿之间层次分明并具有紧密的勾稽关系,互相之间能起到制约和控制作用,在设计账簿时,应遵循以下原则:

(1) 账簿组织与企业的规模、特点相适应。

(2) 满足会计报表资料的需要。

(3) 与所采用的会计核算程序相适应。

(4) 设计的账簿便于登记、审核与保管。

第二节　日记账簿设计

在账簿发展之初,日记账主要是作为分类账登记的依据。通过设置日记账,按日及时记录每天发生的经济业务,能够保证分类记录的完整性。当记账凭证(传票)和汇总记账凭证(总传票)出现以后,开始以记账凭证和汇总记账凭证为依据登记总账与明细账,日记账逐渐被记账凭证和汇总记账凭证取代。现存的现金日记账、银行存款日记账实质上已成为明细账。

实际工作中,一些现金收支业务较为频繁的企业仍沿用这一方式。因此,日记账应根据具体的用途进行设计。如果采用记账凭证和汇总记账凭证登记总账,日记账只用于登记明细账或备查簿,其设计就较为简单;如果依据日记账登记总账,其设计就较为复杂。

一、不同种类日记账的设计

(一)用作过账媒介的日记账的设计

用作过账媒介的日记账可分为普通日记账与特种日记账两种类型。

1. 普通日记账的设计

普通日记账是最基本的序时账簿,其他日记账则是在此基础上演变而来的特殊形式。在只设置现金日记账和银行存款日记账时,普通日记账应记录全部经济业务。根据记账内容的不同,普通日记账在历史上出现过以下三种形式:

(1)账户式普通日记账。这是复式记账法下一种古老的账页格式。这种账簿具有结构严谨、借贷方对比明显、反映业务全面等优点;但由于要逐笔登记分类账,工作量较大,目前已基本不使用。

(2)顺序式普通日记账。这种日记账是将账户式普通日记账借、贷两方相同的内容(如记账日期、凭证号、摘要、会计科目、账页等)分别合并设置,分设"借方金额""贷方金额"两栏。它既比前一种账页格式简单,又能反映会计分录的时间顺序。

(3)多栏式普通日记账。这种日记账是为业务频繁的会计科目设置专栏,集中记录各类经济业务,月末根据各栏合计数登记总账。对业务较少的会计科目可以合并设置"其他业务"专栏,月末"其他业务"栏内的金额需逐笔过入总账。这种账簿对应关系明确,可以减少主要业务过总账的工作量;但由于受账页限制,在会计科目多、主要经济业务种类多的情况下不宜使用。

普通日记账由于不便于分工登记账簿,已基本被记账凭证和汇总记账凭证取代。但就加强审计监督、方便资料查询方面而言,普通日记账仍不失为一种行之有效的方式,企业可以根据实际情况决定是否采用。

2. 特种日记账的设计

特种日记账是为了专门反映一些重要的、经常发生的经济业务,从普通日记账中逐渐分离出来的序时账。设计时应尽可能地采用专栏、多栏的形式,使有特殊目的的指标可以单独登记。特种日记账主要包括现金日记账、银行存款日记账、购货日记账、销货日记账等。

(1)现金日记账。根据现金收支业务复杂程度的不同,可以设置单一的"现金日记账",也可以将现金的收入与支出业务分开,设置"现金收入日记账"和"现金支出日记账"。

(2)银行存款日记账。同样地,根据银行存款业务复杂程度的不同,可以设置单一的"银行存款日记账",也可以分设"银行存款收入日记账"和"银行存款支出日记账"。

(3) 购货日记账。购货日记账用于专门登记采购业务。购进业务多的企业,应按照采购业务的发生和完成情况设置购货日记账。通常情况下,购货日记账有两种登记方法:一种是只登记赊欠购进业务。在同时设有现金日记账和银行存款日记账的情况下,任何在现金日记账、银行存款日记账中已经登记的现款购进业务,无须在购货日记账中登记。其格式如表5-1所示。

表5-1 购货日记账(一)

年		凭证		摘要	应付账款明细科目	账页	××材料	××材料	××材料	××材料	××材料	××材料	合计
月	日	字	号										

另一种是登记全部购进业务,即全部商品购进业务(包括赊欠购进业务)均采用购货日记账登记。由于现款购进业务同时在现金日记账与银行存款日记账中做了登记并过入分类账,因此用该方法设置的购货日记账中的"现金科目""银行存款科目"两栏数字不予过账,以避免重复记账。其格式如表5-2所示。

表5-2 购货日记账(二)

年		凭证		摘要	应付账款明细科目	现金科目	银行存款科目	××材料	××材料	××材料	××材料	合计
月	日	字	号									

(4) 销货日记账。销货日记账用于专门登记商品的销售业务。类似于购货日记账,销货日记账也有两种登记方法:一种是只登记赊销业务,对已经在现金日记账和银行存款日记账中登记的现销业务,无须在销货日记账中登记。其格式如表5-3所示。

表5-3 销货日记账(一)

年		凭证		摘要	应收账款明细科目	××产品		××产品		××产品		××产品		账页
月	日	字	号			数量	单价	数量	单价	数量	单价	数量	单价	

另一种是登记全部销售业务,即全部商品销售业务(包括赊销业务)均采用销货日记账登记。采用该方法,销货日记账要增设"现金科目""银行存款科目"栏目。但由于现销业务同时在现金日记账、银行存款日记账中做了登记并过入分类账,因此用该方法设置的销货日记账中的"现金科目""银行存款科目"两栏数字的汇总数不予过账,以避免重复记账。其格式如表5-4所示。

表5-4 销货日记账(二)

年		凭证		摘要	应收账款明细科目	现金科目	银行存款科目	××产品		××产品		××产品		账页
月	日	字	号					数量	单价	数量	单价	数量	单价	

(二) 不用作过账媒介的日记账的设计

序时账簿不用作过账媒介,除考虑管理的需要而对货币资金设置现金日记账和银行存款日记账外,一般不再设置其他日记账。

现金日记账和银行存款日记账均采用三栏式,便于随时掌握货币资金的收支情况、结存情况,加强对货币资金的监督。

如果企业货币资金收支业务较多,则需由两名出纳分别管理现金收支业务和银行存款收支业务,可以在三栏式现金日记账和三栏式银行存款日记账的基础上分设"现金收入日记账""现金支出日记账"和"银行存款收入日记账""银行存款支出日记账"。

二、日记账的格式

(一) 日记账的一般格式

日记账有着悠久的发展历史,其格式也发生了很大的变化,出现过以下几种格式:

1. 一栏式日记账

一栏式日记账的特征是只设置一个金额栏,如曾用于序时登记采购业务的购货日记账。这种日记账通常只作为参考备查簿,而不起过入分类账的作用。

2. 两栏式日记账

两栏式日记账主要用于普通日记账,是作为过账媒介而采用的一种日记账格式。这种格式除借、贷两个金额栏外,其他各栏均为借贷双方共用,避免了其他各栏重复记录。

3. 三栏式日记账

三栏式日记账有三个金额栏,用于登记借方金额、贷方金额和余额,如现金日记账、银行存款日记账。这种日记账目前已成为现金日记账和银行存款日记账的标准格式。

（二）日记账的专用格式

在设计日记账的栏目时，通常采用专栏或多栏的形式，以单独登记有特殊目的的指标，满足特殊记录的需要。

几种专用日记账列举如下：

（1）出纳日记账。这是一种现金与银行存款合并的日记账。

（2）反映购销折扣与折让的银行存款日记账。为了反映企业在购销业务中发生的折扣与折让，可以设置折扣与折让专栏予以记录。

（3）设置分析栏的购销日记账。对购销业务设置分析栏，可以考核各个部门对购销业务的完成情况。

（4）多栏式转账日记账。在以日记账为过账媒介的会计制度中，可以使用多栏式转账日记账。

专用日记账的格式较为复杂，若设计不当，则容易出现差错，因此只在以下几种情况中适用：

（1）为直接获取某类经济业务的汇总资料，如采购、销售的总额等。

（2）为节省人力，将企业某方面经营活动所发生的会计事项的记录工作集中管理。

（3）为取得某些业务的详细信息。通过专用日记账可以取得进行分析和控制所需的信息，进而编制工作日报，如进销存日报等。

第三节 分类账簿设计

一、分类账簿的种类

分类账簿是指按照一定类别，将经济业务分别设置账户进行登记的账簿。其作用在于分门别类地提供各种信息，满足企业管理的需要。分类账簿主要分为总分类账簿和明细分类账簿，简称总账和明细账。

二、分类账簿的一般格式

（一）总账格式的设计

1. 三栏式总账

三栏式是总账的传统格式，需要设置"借方金额""贷方金额"和"余额"三个栏目。

2. 双栏式总账

对于期末无余额的账户(如损益类账户),可以采用双栏式。

3. 日记总账

日记总账是将日记账与总账结合设置的联合账簿,一般适用于小企业。

4. 多栏式总账

多栏式总账是将所有科目依次排列,设置借、贷和余三个栏目。月末根据科目汇总表一次登入总账,减少过账工作量。

(二) 二级控制账格式的设计

与一级账户一样,二级账户同样具有控制明细账的作用,内容也是综合性质的,不是详细、具体的。其格式类似于总账,一般采用三栏式,也可以采用多栏式。多栏式二级控制账格式是将同一个总账控制下的二级账户设置在同一张账页上,并设置合计栏,以便同总账核对。由于二级账户是综合性账户,因此可以不设摘要栏。

(三) 明细账格式的设计

明细账应能适应不同经济业务的特点及企业经营管理的需要,其格式有很多种,具体如表5-5所示。

表5-5 明细账格式

格式	特点	适用范围
数量金额式明细账	在三栏式账簿的基础上,增设"数量""单价"两栏	原材料、产成品、库存商品等明细账
数量式明细账	可以详细地掌握产品的收入、发出、结存情况	仓库的材料、产成品、商品明细账
三栏式明细账	设有借、贷和余三个基本栏目,但一般不设置反映对应科目的栏目	结算类账户的明细账
累计金额式明细账	在三栏式账簿的基础上发展而来。当客户较多时,可以使明细账账页大大减少,便于记账和催收欠款	①客户分期付款或还款业务较多;②客户一定期限内的付款和还款的次数是固定的;③随时需要反映每个客户的欠款余额等较为复杂的经济业务
多栏式明细账(分析式明细账)	主要在借方、贷方两栏或单栏增设一些专栏,以提供分析资料或编制明细账的资料。具体又有合计式和借贷式两种。其中,合计式可以对经济业务做进一步分类;借贷式是在借、贷和余三栏各设专栏,起到分析、控制作用	合计式适用于成本类、损益类账户(如管理费用明细账),借贷式适用于资产、负债、所有者权益类账户(如应交税费明细账)

(续表)

格式	特点	适用范围
复币式明细账	金额栏通常包括外币、折算汇率及本币,外币存款日记账可以采用复币式明细账	持有外汇的企业
横线登记式明细账	利用账簿的每一行记录一项业务的发生及完成情况	一般用于需要完整考核一项业务的发生及完成情况,多用于材料采购及发出商品明细账

三、账簿设计中的特殊问题

(一) 对应式总账

对应式总账主要有多栏式和三栏式两种格式,其作用在于可以根据各个发生额科目的对应关系,对经济业务进行分析。在多栏式中,借贷双方应按照对应的科目设置若干金额栏,如表5-6所示。在三栏式中,应设置借方、贷方、余额三个金额栏,同时还应增设"对应科目"栏,如表5-7所示。由于多栏式账页大,使用不便,因此目前多采用三栏式的对应式总账。

表 5-6　××总账(多栏式)

年		摘要	借方					贷方					余额
月	日												

表 5-7　××总账(三栏式)

年		凭证		摘要	对应科目	借方	贷方	余额
月	日	字	号					

(二) 表单代账

表单代账是指"以表代账""以单代账"。这种做法曾一度被批判。然而,仅仅部分地以表代账、以单代账是可行的,这样可以避免重复记账、降低出错率、提高工作效率,例如工业企业以"成本计算单"代替成本明细账等。

应当注意的是,以表代账、以单代账必须限于一定范围,依照一定条件,严格规定核算手续。以表代账通常可代表总账、部分明细账、备查账。以单代账仅限于少数明细账、备查账。替代账簿的表、单应定期装订成册并妥善保管。

四、账簿设计的其他事项

（一）账页格式的设计

账页格式主要有两种:一种是通用格式,能够满足一般需要,如普通的现金日记账和银行存款日记账、三栏式总账与明细账、数量金额式明细账等;另一种是专用格式,当企业的业务较为特殊、通用格式已无法满足其需求时,可采用专用格式。

应当注意的是,在采用专用格式时,应首先确认通用格式是否难以满足企业需要,并考虑所记录经济业务的特征是否可以与正在使用的格式相结合,以减少设计工作量与费用。

（二）凭证栏与账页栏的设计

凭证栏是登记账簿资料的依据,一般紧挨日期栏。账页栏用于反映过入的分类账的页数,一般紧挨金额栏。凭证栏与账页栏具有重要作用,是反映账簿之间相互联系的线索。这两栏按账簿种类设置如下:

1. 日记账

日记账的登记与过账有两种形式,一是根据原始凭证登记,可以在"凭证"栏下细分设置"种类"栏和"编号"栏;二是根据记账凭证登记,可以在"记账凭证"栏下细分设置"种类"栏和"编号"栏。

不用于过总账的日记账,不必设置"账页"栏,仅需设置"核对标记"栏,并以"√"为核对账簿号。用于过总账而不过明细账的日记账,可以设置"账页"栏。

2. 总账

若采用汇总记账凭证登记总账,则可以设置"汇总凭证"栏;若采用记账凭证登记总账,则可以设置"凭证号数"栏,下设"字"栏和"号"栏。

3. 明细账

明细账通常根据原始凭证登记,并在"凭证"栏下细分设置"种类"栏和"编号"栏。

（三）账簿形式的设计

账簿形式的设计包括账簿的装订形式、账页的尺寸、账页划线或印刷颜色的配合,以及账页用纸等内容。账簿形式的设计是账簿设计的一部分。

1. 账簿的装订形式

账簿的装订形式有订本式、活页式和卡片式三种。订本式账簿有严格的排列顺序，不易篡改，也不易散失。最初的账簿均使用订本式，现在较少使用。活页式账簿是在订本式账簿的基础上发展而来的，方便使用且节约纸张，是目前主要使用的账簿形式。卡片式账簿实际上是活页式账簿的一种特殊形式，其成本较高，不能普遍使用。

选择账簿的装订形式时，必须重点考虑账簿记录的安全性、合法性。订本式账簿由于较为可靠，已被多数国家的法律认可。活页式账簿易丢失或被抽换，但只要采用严格的内部控制制度，也可以确保其使用安全。

活页式账簿由活页账夹、一定格式的账页和索引组成。活页式账簿和卡片式账簿的种类具体如表 5-8 所示。

表 5-8　活页式账簿和卡片式账簿的种类

类型	特点
穿绳式账夹	用绳索将账页穿起来固定，容量较大，多用于材料明细账和库存商品明细账。缺点是结构松散、账页易被抽换或脱落
装订钉式账夹	将账页装订得很紧，为了安全，还可以加锁，便于携带查找，可用于应收账款明细账、应付账款明细账
弹簧式账夹	多用于暂时保存一些易散的、正在传递的手续凭证、表格等，也可以用来保管零散账页
卡片箱	用以分类盛装卡片账的盒子，卡片可以随时放入或取出，多用于固定资产明细账

2. 账页格式的绘制和印刷

企业在设计专门格式的账簿时，要考虑到其与其他账簿格式的一致性。虽然其格式独特，但是账页尺寸的大小、穿孔的位置、账页的颜色以及装订的形式等应尽量保持统一。在交付印刷厂印刷时，应尽量写清楚要划线印刷的格式。

复习题

1. 为什么说账簿组织的演变是会计发展史上重要的一部分？
2. 会计账簿作为会计方法的意义是什么？
3. 普通日记账与特种日记账的作用有何区别？
4. 日记账的格式有哪几种？
5. 分类账的格式有哪几种？

6. 明细账格式设计的依据是什么？有哪些基本格式？

7. 多栏式明细账通常用于哪些账户的明细账格式？

思考设计题

1. 盛太公司是一家小型企业，主要经营医疗器械，也会代销一些医疗器械所必需的医用材料。盛太公司业务量不大，但是发展较好，业绩呈逐年递增趋势。公司为了降低销售风险，规定采用现销的方式进行销售。公司的日常开销主要包括办公楼及仓库的租金、员工工资、办公费用、产品售后维护费。

请为盛太公司设计会计账簿。

2. T公司是一家生产农药的企业，于2022年进行绿色农药生产线的建设，其产品分为固体农药制剂(非除草剂)、液体农药制剂(非除草剂)、水溶肥料、固体制剂(除草剂)、液体制剂(除草剂)五种类型，并建造2号仓库存放以上产品。T公司使用的库存商品明细账格式如下：

数量金额式明细账户

存放仓库：　　　　规格：　　　　计量单位：　　　　第　页

年		凭证		摘要	√	借方			贷方			余额		
月	日	字	号			数量	单价	金额	数量	单价	金额	数量	单价	金额

请思考以下问题：

（1）根据上表，找出明细账格式存在的不足之处，并重新为T公司设计一份更完备的明细账账页。

（2）T公司在核算生产成本、期间费用(即管理费用、销售费用、财务费用)时采用多栏式明细账，为T公司设计生产成本、期间费用明细账的格式。

（3）为T公司设计应收票据备查账、应付票据备查账的格式。

3. Z公司自制的半成品完工后交由半成品库保管，其他生产车间需要使用时，可以向半成品库领用。财会部门应为各种半成品设置明细账并满足以下要求：每月根据入库单副联和实际成本登记半成品的增加数;各车间领用数,经核对无误后采用先入先出法,于月末结转给使用半成品的车间。根据成本核算的要求,使用半成品的车间在核算成本时,应按所用半成品的各成本项目登记,以便提供分成本项目的半成品成本。

根据以上要求,请为Z公司设计出尽可能简化的半成品明细账,并绘制出可供排版付印的正规格式,同时用文字简要说明此账簿的登记方法。

4. 某小型施工企业账簿应如何组织?并分析哪些账簿是可以购买的,哪些应由财会人员自行设计。

5. 试分析备查账在实务中的设计技巧。

第六章　会计报表设计

[知识目标]

1. 了解会计报表设计的要求、步骤。
2. 明确会计报表设计的内容和范围。
3. 熟悉对内会计报表设计的要求。

[能力目标]

1. 能举例说明对外会计报表附表设计的基本要求。
2. 能按目标企业的具体情况设计各类对内会计报表。
3. 能掌握目标企业会计报表设计的基本框架。

导入案例

请认真阅读以下案例并思考四个问题：

1. 企业报表的内容及传递方式与企业管理有何联系？
2. 如何设计对业务有用的管理会计报告？
3. 管理会计报告是像 ERP（企业资源计划）一样按模块建设吗？
4. 阿米巴经营模式和管理会计报告有何异同？

管理会计报告案例探讨

　　管理会计报告建设的一般路径分为分层设计、分主题规划、分步建设三步。由于管理会计报告涵盖的内容多，因此它面向的企业管理层级也丰富多样，上至战略层下至经营层、业务操作层。从管理会计报告建设的一般路径来看，分层设计路径下根据分析对象可分为面向集团和产业板块的分析报告、面向单体企业的分析报告，以及深入剖析每家企业价值链的业务单元的分析报告；同时，根据分析内容来建设满足各层级需要的绩效管理、预算管理、重大事项管理、资金管理等主题报告,再根据重要性原则和当前数据现状分步建设。

管理会计报告在展现形式上分为通用和自定义两种报告模式。通用报告主要是为各层级人员提供针对相应主题的标准模板,展现主要信息,符合大家普遍性的阅读习惯。自定义报告提供灵活的自定义报告功能,企业可以借助报表工具自定义管理会计报告的主体、期间(定期或不定期)、结构、数据源、计算公式以及报告展现形式等,报告系统可以根据企业自定义报告的模板自动获取数据进行计算加工,并以预先定义的展现形式输出。

管理会计的数字化变革以管理会计报告建设为落脚点。从管理会计报告应用对象及应用内容视角来看,管理会计报告分为战略层管理会计报告、经营层管理会计报告和业务层管理会计报告。由此视角形成的管理会计报告包括的内容比较多,涵盖的模块非常丰富。从财务职能转型视角来看,管理会计报告能够涵盖战略财务、业务财务、专家团队、共享服务四位一体的未来财务职能转型内容。战略财务的主要内容是制定财务政策,为高层领导就公司战略及其实施提供高价值的决策支持;此外,企业还需建立全面监管及控制体系。业务财务指财务人员需要深入业务一线,成为财务部门的业务专家,进行计划、预算、预测、分析及项目管理,推动企业价值最大化,同时提供全价值链财务管理支持。专家团队对会计政策、核算、税务、汇率、资金等领域进行集中研究及指导,为重点项目或事项提供专业财务支持。共享服务指基于全球统一的政策、流程及信息系统,集中完成交易处理及大数据分析,使物流、资金流、信息流统一,集中化、规模化、流程化形成集群效应。未来财务管理能够把财务人员的精力释放出来,使其更多地分析经营活动。企业通过对管理会计报告的建设,加强管理会计的应用,并通过数字化转型降低成本及提升价值。

(一) 管理会计报告案例及行业特点

各行业的管理会计报告重点建设领域存在诸多差异,如何快速识别差异并抓住管理会计报告IT(信息技术)建设重点?从中长期角度来看,需要参考企业的所在行业价值链、企业商业模式、目前企业架构、企业IT现状。从当期来看,主要参考企业领导关注的重点领域、企业执行力和员工认知。

在纷繁复杂的管理会计报告建设中,我们总结了以下几点需要注意和把握的地方:

一是建设管理核算规则体系。该体系应打通"战略—经营—预算—绩效"的闭环管理,同时提供预算和考核报表,通过考核来保证战略的落地;打通业务、财务数据,打开部门之间的边界,通过建立多维数据模型,全方位反映各项业务情况,深入挖掘、洞察各项数据,提升分析质量,让数据为业务和管理服务。

二是预算编制规则与管理核算规则相一致,差异只是在颗粒度方面有所不同。我们看到很多企业在这方面走入了误区,管理核算与预算编制的规则随着个性化需求和日积月累的工作习惯产生了一定程度的分离,结果就是口径不一致、科目不一致,管理会计报告无法发挥决策支撑作用,也使得财务部门与经营部门之间产生矛盾,能力遭到质疑。

三是敏感性测试贯穿战略规划与预算流程始终,同时也贯穿项目经营流程始终。在项目不同阶段设置多种变动因素组合进行敏感性测试,以获得最优解、分析差异形成原因,从而达到改善管理的目的。这一点在房地产企业的管理会计报告建设中尤为明显。

四是根据企业的需求并利用低代码产品提供一个定制化解决方案,以企业资产全生命周期管理为中心,搭建涵盖采购、库存、生产、财务、人力资源等业务场景的综合型管理系统,助力企业降本增效,实现互联网+业务转型。

管理会计报告具备的功能和特点具体有:

1. 调整灵活

具体包括组织调整灵活、规则调整灵活和报告方式灵活,能够快速响应市场环境变化。

2. 数据可追溯

提供用户追溯数据源的功能。用户可以在系统中对报告的最终结果数据进行追溯,层层追溯数据来源和计算方法,直至业务活动。

3. 多维度

支持构建多维度业务模型、数据模型,多模型并行使用,满足多场景、多版本并行分析需求,自动生成多维度报表。

4. 高集成

一是可从其他企业内部 IT 系统中获取业务、财务数据生成报告;二是具备引入相关数据源数据、数据校验清洗、数据转换等系统功能。此外,具备数据校对机制,能够保证数据的准确性;具备数据查看、分析、预警等功能;具备数据查询、数据使用的授权功能。

(二)管理会计报告建设的趋势及方向

信息化阶段建设成果奠定了管理会计数字化转型的基础。信息化阶段建设成果首先是打通了流程,让核算流程、业务操作流程相对清晰,同时也沉淀了大量的数据。由于企业不同时点构建的不同系统更多地关注当时需要解决的业务问题,导致系统技术架构、技术体系不同,无法统一平台,数据存储在各个 IT 系统中,要做数据分析只能点对点地进行系统集成,效率低,因此需要单独考虑管理会计报告的建设。

数字化转型的瓶颈主要体现为数据孤立且分散,发挥数据价值阻碍多、困难大。数据孤立且分散主要体现在从人的角度去找功能、找数据、找流程,需要消耗大量的时间,因此需要新的方法,赋予企业更多的活力。例如,针对从业财共享层到未来业务决策层转变过程中存在的缺少载体、数据庞大、融合困难等问题,元年科技提供了一个大的框架思路,专门打造了一个贯通业务数据和财务数据的金融经营管理平台,通过经营管理平台输出相应的高质量管理会计报告,在管理会计报告的基础上做分析,从而为前端业务赋能。

未来管理会计报告建设将呈现两个发展趋势:一是站在数据中台的角度看管理会计报告建设;二是从数据分析的角度看目前比较火的人工智能,大致可分为验证型数据分析和探索型数据分析两种。管理会计报告的建设绝大部分是验证型数据分析。验证型数据分析是指已经有固定的数据模型和数据假设,通过实际模型去验证偏差,从而不断优化。未来验证型数据分析更多的是不断地通过动态数据的模拟推演进行计算。在探索型数据分析方面,人工智能所能发挥的作用主要集中在业务层,因为探索型数据分析需要大量的数据。未来人工智能的数据模型将赋能业务层。

资料来源:节选自管理会计报告案例探讨[EB/OL].(2020-05-22)[2023-08-03].https://mp.weixin.qq.com/s/t3djYgrbRPTCKV3FvIOkmg。

第一节　会计报表设计概述

会计报表是根据企业的会计账簿及其他相关资料编制而成,用来反映企业的财务状况、经营成果及现金流量等信息的书面报告。

一、会计报表的作用

向企业内部、外部报表使用者提供预测、决策必需的会计信息是会计工作的根本目标和任务。会计报表可以为报表使用者提供全面反映会计主体经营活动情况的信息,提高其决策的有效性。具体来说,会计报表具有以下作用:

(1)为投资者进行投资决策提供必要的会计信息。

(2)为债权人进行信贷决策提供必要的会计信息。

(3)为经营管理者和员工进行运营决策、加强日常管理提供必要的会计信息。

拓展阅读

（4）为税务、工商、证券等部门及社会公众实施监督、管理提供必要的会计信息。

（5）为企业内部审计部门和外部审计机构检查、监督提供必要的会计信息。

二、会计报表设计的要求

为了充分发挥会计报表的作用，为报表使用者提供对决策有用的信息，企业在设计会计报表时必须遵循以下要求：

1. 合法性与合规性

企业对外提供的会计报表的种类、格式、项目等内容必须遵循《企业会计准则》的规定。此外，企业有关会计报表项目的名称、内容、分类、排序、填写方法等必须与国家统一会计制度的规定相一致。

2. 完整性与公允性

企业的会计报表体系必须完整，且能够适当、公允地反映企业的财务状况、经营成果和现金流量等情况。

3. 统一性与一致性

企业对内、对外会计报表的项目、数据指标口径、填列方式和要求均应在企业内部保持统一、前后一致。各分支机构或基层单位在同一会计主体下设计的基层会计报表，必须保持其项目、数据指标口径、填列方式和要求的一致性。

4. 明晰性与及时性

企业会计报表的项目名称、内容必须简单明了，方便填制与分析。企业在设计会计报表时，应避免向其使用者提供各类有误导性质的信息，尽量简化需要进行复杂的分析、核算而填列的项目。

三、会计报表基本内容的设计

1. 经济指标体系设计

经济指标是构成会计报表的基本要素。会计报表经济指标体系的设计是整个会计报表设计工作的核心任务。因此，在进行会计报表经济指标体系的设计时，应满足以下要求：

（1）根据用途、日期对不同的经济指标进行设计，经济指标要简明扼要、稳定、具体，指标之间要具有严谨的关系。此外，对内会计报表的指标要及时、灵活，方便核算。

（2）根据报告期长短和编制要求对经济指标进行设计，报告期长，经济指标要详细；相反，经济指标可粗略一些。

（3）设计时主次分明，规定主表指标和附表指标。

（4）注意指标间的平衡勾稽关系,形成经济指标体系。

（5）经济指标体系的内容要完整（无遗漏）、明确（内容唯一）。

2. 会计报表基本格式设计

虽然不同会计报表的内容存在较大的差异,但其基本格式相同,具体内容如表 6-1 所示。

表 6-1　会计报表的内容

会计报表格式	表头	包括报表的名称、编号、编制单位、报表的计量单位和编制日期
	正表	会计报表中的各项经济指标,用于反映报表所要揭示的会计信息
	附注	又称报表的补充资料,是对报表有关项目所做的解释。附注反映的内容包括:采用的主要会计方法;会计方法变更的原因、情况和影响;非常规项目的说明;会计报表中有关重要项目的明细说明;等等

3. 会计报表编制程序设计

会计报表编制程序设计的要求如下:

（1）确定报表编制期间。会计报表反映了一定经营期间或某一时日企业的经营状况和财务成果,因此编制会计报表首先应确定报表编制期间,以便编制期间报告和决算报告。

（2）设计会计循环和结账日程表。为了保证会计报表的及时性与准确性,必须加强期末汇总工作。提前做好对账和结账准备工作,使得对账和结账工作按日程表进行,这是设计会计报表的关键。

（3）设计报表底稿。工作底稿也叫工作底表,是对一定期间内的经济活动进行调整、试算、分析汇总而形成的报告,它是编制会计报表的辅助工具。编制工作底稿可以减少会计报表因时间紧、步骤多、内容繁杂而产生的错误,提高会计报表编制工作的效率,有助于了解企业最终的财务状况和经营成果。

（4）编制报表附注。为了使报表使用者对会计报表的内容有更深入的了解,在编制会计报表之后,还需按照企业规章制度及会计核算的明细资料对报表项目进行补充说明,即编制报表附注。

（5）编制财务状况说明书。在编制报表附注的同时,通常还要对企业的财务状况进行书面说明,总结经验和教训,并提出相应的整改措施。

四、会计报表报送程序的设计

会计报表按照报送对象的不同,可以分为对内报送和对外报送。对内报送程序较为

简单,报送对象主要是企业管理当局;对外报送则应当依照程序和要求进行。对外报送一般包括如下程序:

(1)复核、整理会计报表。会计报表编制完成之后,编制人员应对其进行复核并纠正错误。在保证数据准确无误、文字描述恰当的基础上,按顺序依次编写页码、添加封面,并将其装订成册,加盖公章,形成财务报告。应当指出的是,财务报告封面应包含单位名称及地址、报表编制日期和报送日期等内容。

(2)审核并签章。经复核后的财务报告应提交机构负责人(会计主管人员)、主管会计工作的负责人和单位负责人进行审核,发现错漏应及时纠正。经审核无误后,由上述人员分别在封面上签字并盖章。设置总会计师的单位,还需有总会计师签章。

(3)委托注册会计师进行审计工作。根据规定,财务报告必须进行审计的,编制单位(如上市公司等)应先行委托注册会计师进行审计。若需调整,则应根据注册会计师出具的审计意见进行调整。注册会计师及其所在的会计师事务所出具的审计报告应随同财务报告一并对外报送。

(4)按规定的对象、方式和期限对外报送。通常情况下,报送对象包括单位主管部门、财政部门、税务机关以及单位的投资者等。此外,还有一些非经常性的报送对象,如执行审计任务的审计机关等。

财务报告报送的方式通常包括送交、公告、提交三种:①单位必须定期向主管部门、财政部门、税务机关送交报告;②股份有限公司必须向股东公告(包括登记公告、公开置放备查);③单位必须及时将财务报告提交至审计机关。

财务报告的报送期限应当严格遵守相关法律、制度的规定。月报应于月终后 6 日内报出;季报应于季终后 15 日内报出;中期报告应于年度中期结束后 60 日内报出;年度报告应于年度终了后 4 个月内报出。

五、会计报表设计的步骤

一般来说,会计报表设计的步骤并不是固定的,设计者可以根据企业的实际情况以及自身的经验进行设计。常规的设计步骤如图 6-1 所示。

图 6-1 会计报表设计的步骤

第二节　对外会计报表设计

对外会计报表通常是按照国家规定应对外部单位报送或按照国际惯例应对外公开的会计报表。企业应根据《企业会计准则》的要求,明确规定其对外会计报表的名称、格式、编号、编制日期、编报方法、计量单位、内容、补充资料等,不得自行设计。企业的对外会计报表应至少包括资产负债表、利润表、现金流量表、所有者权益（或股东权益）变动表（以下简称"主表"）和附注等内容。

一、资产负债表设计

1. 资产负债表设计原理和结构

资产负债表是反映企业某一特定日期财务状况的会计报表。其设计原理为"资产＝负债＋所有者权益"的会计恒等式。资产负债表可设计的结构主要有两种：一种是账户式,根据"资产＝负债＋所有者权益"将报表分为两部分,左侧为资产类,右侧为负债和所有者权益类;另一种是报告式,又称垂直式,根据"资产－负债＝所有者权益"将报表中的资产、负债、所有者权益自上而下垂直排列。

我国现主要采用的结构是账户式,其较为直观,便于理解与应用,其格式如表6-2所示。

表6-2　资产负债表

会企01表

编制单位：　　　　　　　　　　年　月　日　　　　　　　　　　　单位：元

资产	行次	期末余额	期初余额	负债和所有者权益	行次	期末余额	期初余额
流动资产				流动负债			
××××				××××			
流动资产合计				流动负债合计			
非流动资产				非流动负债			
××××				××××			
××××				非流动负债合计			
××××				负债合计			
××××				所有者权益			
××××				××××			
非流动资产合计				所有者权益合计			
资产总计				负债和所有者权益总计			

2. 项目分类和排序设计

（1）项目分类。资产负债表项目具体的分类如图 6-2 所示。

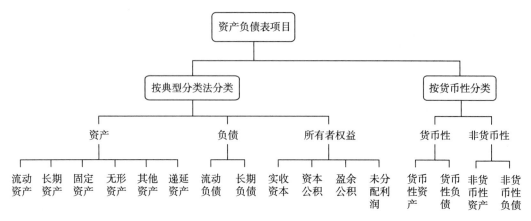

图 6-2 资产负债表项目分类

（2）项目排序。资产负债表项目排序有两种方法：一是按重要程度排序，二是按流动程度排序。目前，我国采用后者，即按流动程度排序。

对于备抵项目，资产负债表通常将其从对应的被调整账户原值中扣除，以净值列示。对于资产负债表附注，通常设置在报表下方。

二、利润表设计

利润表是反映企业一定时期经营成果的会计报表。其设计原理为"收入－费用＝利润"。利润表有多步式和单步式两种格式，我国目前采用的是多步式利润表，其格式如表 6-3 所示。

表 6-3 利润表

会企 02 表

编制单位：　　　　　　　　　　　年　月　　　　　　　　　　单位:元

项目	行次	本期金额	上期金额
一、营业收入			
减:营业成本			
销售费用			
管理费用			
财务费用(收益以"－"号填列)			
资产减值损失			
加:公允价值变动净收益(净损失以"－"号填列)			
投资净收益(净损失以"－"号填列)			

单位:元(续表)

项目	行次	本期金额	上期金额
二、营业利润(亏损以"-"号填列)			
加:营业外收入			
减:营业外支出			
三、利润总额(亏损以"-"号填列)			
减:所得税			
四、净利润(亏损以"-"号填列)			
五、每股收益			
(一)基本每股收益			
(二)稀释每股收益			

三、现金流量表设计

现金流量表是反映企业一定时期现金流转情况的会计报表,其设计原理为"现金流入-现金流出=现金净流量"。其格式如表6-4所示。

表6-4 现金流量表

会企03表

编制单位: 　　　　　　　　年　月　　　　　　　单位:元

项目	行次	金额
一、经营活动产生的现金流量		
销售商品、提供劳务收到的现金		
收到的税费返还		
收到其他与经营活动有关的现金		
经营活动现金流入小计		
购买商品、接受劳务支付的现金		
支付给职工以及为职工支付的现金		
支付的各项税费		
支付其他与经营活动有关的现金		
经营活动现金流出小计		
经营活动产生的现金流量净额		
二、投资活动产生的现金流量		
收回投资收到的现金		
取得投资收益收到的现金		

单位:元(续表)

项目	行次	金额
处置固定资产、无形资产和其他长期资产收回的现金净额		
收到其他与投资活动有关的现金		
投资活动现金流入小计		
购建固定资产、无形资产和其他长期资产支付的现金		
投资支付的现金		
支付其他与投资活动有关的现金		
投资活动现金流出小计		
投资活动产生的现金流量净额		
三、筹资活动产生的现金流量		
吸收投资收到的现金		
取得借款收到的现金		
收到其他与筹资活动有关的现金		
筹资活动现金流入小计		
偿还债务支付的现金		
分配股利、利润或偿付利息支付的现金		
支付其他与筹资活动有关的现金		
筹资活动现金流出小计		
筹资活动产生的现金流量净额		
四、汇率变动对现金及现金等价物的影响		
五、现金及现金等价物净增加额		
加:期初现金及现金等价物余额		
六、期末现金及现金等价物余额		

财务负责人:　　　　　　　　　　　　　　　　　　　　　　　　制表人:

补充资料	行次	金额
1.将净利润调节为经营活动现金流量		
净利润		
加:计提的资产减值准备		
固定资产折旧		
无形资产摊销		
长期待摊费用摊销		

单位:元(续表)

补充资料	行次	金额
待摊费用减少(减:增加)		
预提费用增加(减:减少)		
处置固定资产、无形资产和其他长期资产的损失(减:收益)		
固定资产报废损失		
财务费用		
投资损失(减:收益)		
递延税款贷项(减:借项)		
存货的减少(减:增加)		
经营性应收项目的减少(减:增加)		
经营性应付项目的增加(减:减少)		
其他		
经营活动产生的现金流量净额		
2. 不涉及现金收支的投资和筹资活动		
债务转为资本		
一年内到期的可转换公司债券		
融资租入固定资产		
3. 现金及现金等价物净增加情况		
现金的期末余额		
减:现金的期初余额		
加:现金等价物的期末余额		
减:现金等价物的期初余额		
现金及现金等价物净增加额		

第三节 对内会计报表设计

一、对内会计报表设计的要求

对内会计报表通常根据企业的生产特点和管理要求自行设计,其格式和种类随着企业实际情况的变化而相应调整。企业在设计对内会计报表时应遵循以下要求:

对内会计报表设计视频讲解

1. 问题具有专题性

对内会计报表必须能够反映企业内部核算与内部管理情况,突出问题的重点。

2. 指标具有实用性

对内会计报表应根据报表使用者的需要设计指标,供报表使用者进行分析、对比和评价,考核计划与预算的执行情况,分析预算执行过程中存在的问题,总结经验、吸取教训,最终提高企业管理水平。

3. 格式具有针对性

对内会计报表的使用者通常是单位的管理人员,报表是为满足特定的管理要求而设计的。因此,对内会计报表应针对企业具体经济业务的特点及存在的问题进行设计,突出重点、简明扼要。

4. 报表的编制具有及时性

预测和决策具有极强的时效性,对内会计报表是企业进行预测和决策的主要依据,出于对预测和决策极强的时效性考虑,企业应及时编制和反馈对内会计报表。

5. 报表的编制具有灵活性

对内会计报表可以不定期编制,也没有固定的格式,但是应尽量整齐排列、美观大方,根据管理需要确定报表的种类。

二、日常管理用报表设计

企业的日常管理主要包括货币资金管理、存货管理和销售管理。通常情况下,企业应编制反映货币资金增减变动、结存情况,存货增减变动、结存情况以及商品销售情况的报表,以满足企业日常管理的需要。此类报表通常按日编制,但在企业业务量较少的情况下,也可按月、按季编制。

1. 货币资金增减变动情况表

出纳于每日终了后,根据现金日记账、银行存款日记账以及其他有关资料编制货币资金增减变动情况表,再报送主管会计工作的负责人和企业主要领导审核。其目的在于反映货币资金增减变动和结存情况,提供及时、准确的会计信息,以便有效使用货币资金。其格式如表6-5所示。

表6-5 货币资金增减变动情况表

年 月 日　　　　　　　　　　　　单位:元

项目	银行存款	现金	合计	备注
一、昨日账面余额				
加:1.				

单位:元(续表)

项目	银行存款	现金	合计	备注
2.				
减:1.				
2.				
二、本日账面余额				
未记账增加数				
未记账减少数				
三、本日实际余额				

会计主管: 　　　　制单: 　　　　出纳: 　　　　审核:

货币资金增减变动情况表设计的关键在于三个方面:

(1)本日实际资金余额(昨日账面余额+本日增加金额-本日减少金额+未记账增加数-未记账减少数)。

(2)本日货币资金增加的来源和减少的去向。

(3)资金的存放地点和账户设置。

2. 存货收发存汇总表

存货收发存汇总表反映了各仓库中各种存货的收入、发出、结存情况。存货收发存汇总表由财务部门会计人员进行编制,并于每月定期将汇总表与出库单、入库单及仓管员登记的存货明细台账进行核对,保证账实相符、账账相符。

表6-6 存货收发存汇总表

年　月　日　　　　　　　　　　　　　　　金额单位:元

序号	所属存货类别	存货名称	规格	计价方法	计量单位	上期结存			本期生产（或购入）			本期销售（或发出）			期末结余		
						单价	数量	金额	单价	数量	金额	单价	数量	金额	单价	数量	金额

存货收发存汇总表设计的关键在于两个方面:

(1)详细列示存货类别、名称、规格、计量单位。

(2)确定存货计价方法。对于企业而言,对存货进行正确的计价是非常重要的。

3. 进货或销货日报表

进货或销货日报表反映的是企业每日采购、销售商品的情况。其中,进货日报表由主管采购和应付账款的会计人员编制,并报送采购部门及其他有关部门,用于反映物资采购计划的执行情况,加强对采购业务的管理;销货日报表由主管销售和应收账款的会计人员编制,并报送企业主要领导及其他有关部门,用于反映销售计划的执行情况。其格式如表 6-7 所示。

表 6-7 ××日报表

年　月　日　　　　　　　　　　　　　　　　　　金额单位:元

品名	规格及型号	计量单位	数量	单价	金额			本月累计购进(销售)	
					现购(销)	赊购(销)	合计	数量	金额
合计									

会计主管:　　　　　　　　　　　　制单:　　　　　　　　　　　　审核:

进货或销货日报表设计的关键在于两个方面:

(1)详细列示采购、销售商品(产品)的品名、规格及型号、计量单位、数量、单价。

(2)为了反映资金的结算情况,按现销或赊销、现购或赊购分开列示。

三、财务状况分析表设计

财务状况分析表(又叫资产负债分析表)是依照资产负债表相关资料,对各项资产、负债和所有者权益在各自总额中所占的比例以及报告期与基期比较的变化情况进行分析的报表。通过财务状况分析表,可以考察资产、负债构成的合理性,有助于了解企业的偿债能力,预测企业未来的财务状况。其格式如表 6-8 所示。

表 6-8 资产负债分析表

年　月　日　　　　　　　　　　　　　　　　　　金额单位:元

资产项目	上期数	本期数			负债和所有者权益	上期数	本期数		
		金额	增减数	增减%			金额	增减数	增减%
合计					合计				

会计主管:　　　　　　　　　　　　制单:　　　　　　　　　　　　审核:

四、经营成果分析表设计

经营成果分析表是对企业一定时期内构成经营成果的各个项目的本期实际数与计划数或者本年实际数与上年同期实际数等进行比较和分析的报表。此类报表可以反映本期利润的实际数与对比数之间的关系，确定各项目增减变动情况及其对利润总额变动的影响程度，据此查明利润变动的原因，总结经验，解决问题。

1. 利润分析表

利润分析表通常在月末编制。表中应反映利润的实际数较计划数或上期数的增减变动情况以及各项目对利润总额变动的影响程度，进而反映利润计划本期和本年累计执行情况。其格式如表6-9所示。

表6-9 利润分析表

年　月　日　　　　　　　　　　　　　　　　　　　　　金额单位：元

项目	本期数				本年累计数			
	实际数	计划数	差异额	完成计划(%)	实际数	计划数	差异额	完成计划(%)
合计								

会计主管：　　　　　　　　　　　　制单：　　　　　　　　　　　　审核：

利润分析表设计的关键在于三个方面：

（1）按本期数和本年累计数分设栏次。

（2）按利润构成项目设计实际数、计划数、差异额和增减百分比。

（3）对比数字可以选一个，也可以选多个。

2. 主营业务利润分析表

主营业务利润分析表可以按需编制。企业可以采用因素分析法对主营业务利润计划的执行情况进行分析，确定影响主营业务利润变动的因素和影响程度，其格式如表6-10所示。企业也可以根据主营业务利润结构，对主营业务或所售商品的经营情况进行分析与考核，其格式如表6-11所示。

表6-10 主营业务利润分析表（一）

年　月　日　　　　　　　　　　　　　　　　　　　　　金额单位：元

影响主营业务利润变动的因素	影响利润变动金额	各影响因素占总变动金额的比例(%)
销售价格变动影响		
销售税金变动影响		

金额单位:元(续表)

影响主营业务利润变动的因素	影响利润变动金额	各影响因素占总变动金额的比例(%)
……		
合计		

会计主管： 制单： 审核：

表 6-11 主营业务利润分析表(二)

年 月 日　　　　　　　　　金额单位:元

商品名称	项目												
	主营业务收入				主营业务成本				主营业务税金				主营业务利润			
	实际数	计划数	差异额	完成比例(%)	实际数	计划数	差异额	完成比例(%)	实际数	计划数	差异额	完成比例(%)	实际数	计划数	差异额	完成比例(%)
合计																

会计主管： 制单： 审核：

3. 期间费用明细表

期间费用明细表由相关会计人员于每月末根据期间费用(管理费用、财务费用、销售费用)明细账进行编制,用以反映每个月期间费用的实际发生情况。期间费用明细表可以反映企业期间费用预算执行情况,帮助企业控制期间费用,提高产品利润。其格式如表 6-12 所示。

表 6-12 ××费用明细表

报送: 年 月 日　　　　　　　　　金额单位:元

项目	行次	本年计划	本年实际	超支或节约	完成比例(%)	上年实际	增减额	同比增减比例(%)
1.								
2.								
……								
合计								

4. 利润预测表

实行目标利润管理制度的企业必须编制利润预测表。利润预测表可为企业管理部门提供事前信息,这是制订各项经营计划的基础。其格式如表 6-13 所示。

表 6-13　利润预测表

报送：　　　　　　　　　　　　　　　　年　月　日　　　　　　　　　　　　金额单位:元

项目	总额	A 产品		B 产品		C 产品	
		金额	占总额比例(%)	金额	占总额比例(%)	金额	占总额比例(%)
销售收入							
减:变动费用							
贡献毛益							
贡献毛益率							
减:固定费用							
净利润							

利润预测表设计的关键在于三个方面：

（1）采用变动成本法编制,将企业的全部费用分为变动费用和固定费用,并假设固定费用在一定条件下不变。

（2）提出目标利润及实现目标利润需要完成的销售额和目标成本。

（3）实行责任会计制度或内部银行制度的企业,各责任单位可以单独预测,以便确定各单位的创利计划。

5.投资收益明细表

投资收益明细表是反映各项投资收益和损失的本年实际数,并与上年实际数进行比较的报表。每年年末,由负责登记投资收益明细账的会计人员编制,并报送企业主要领导和投资管理部门。编制投资收益明细表有利于企业优化投资结构,做出正确的投资决策,取得最佳的投资回报。其格式如表 6-14 所示。

表 6-14　投资收益明细表

报送：　　　　　　　　　　　　　　　　　年度　　　　　　　　　　　　　金额单位:元

项目	行次	本年实际	上年实际	增减额	同比增减比例(%)
一、投资收益					
1.					
2.					
投资收益合计					
二、投资损失					
1.					
2.					
投资损失合计					
三、投资净损益					

五、成本报表设计

由于企业经营特点不同,各个企业的成本报表也存在一定的差异。加之成本报表属于企业内部管理用报表,与企业的管理方法有着密切的联系,因此其格式与类型也多种多样。此处仅介绍制造企业成本报表的设计。

1. 制造费用明细表

制造费用明细表由负责登记制造费用明细账的会计人员于月末或年末编制,并报送生产成本管理部门和其他有关成本费用管理部门。编制此报表有助于企业及时地了解制造费用计划的执行情况,掌握制造费用的变动趋势,实现降本增效。其格式可参考期间费用明细表。

2. 主要产品单位成本表

主要产品单位成本表是根据成本项目反映企业主要产品实际成本的构成情况,并与本年计划成本或标准成本进行比较的报表。编制此报表有助于企业掌握主要产品单位成本的变动趋势,分析其变动的原因,寻求降低成本的途径,加强成本的管理。其格式如表 6-15 所示。

表 6-15 主要产品单位成本表

年 月

产品名称:		规格及型号:		计量单位:		售价:	
本月实际产量:				本年累计产量:		金额单位:元	

成本项目	行次	本期计划	本期实际	完成比例(%)	上期实际平均	增减额	同比增减比例(%)
直接材料							
直接人工							
制造费用							
产品生产成本							

3. 产品生产成本表

产品生产成本表由负责编制生产成本明细账的会计人员于月末或年末编制,并报送企业主要领导和其他有关成本费用管理部门。其格式如表 6-16 所示。

表 6-16 产品生产成本表

年 月 金额单位:元

项目	行次	本年计划	本月实际	本年累计实际	完成比例(%)
生产成本					
其中:直接材料					

金额单位:元(续表)

项目	行次	本年计划	本月实际	本年累计实际	完成比例(%)
直接人工					
制造费用					
加:在产品、半成品月初余额					
减:在产品、半成品月末余额					
完工产品生产总成本					

4. 成本分析表

成本分析表是对影响成本升降的各个因素进行分析的报表。它由财务部门对成本核算资料进行分析之后在月末编制,并报送企业主要领导和生产管理部门。其格式如表 6-17 所示。

表 6-17　成本分析表

报送:　　　　　　　　　　　　年　月　　　　　　　　　　金额单位:元

影响成本变动因素	全部产品成本变动		主要产品成本变动	
	金额	占总额比例(%)	金额	占总额比例(%)
成本升降总额				
产量变动影响				
产品结构变动影响				
单位成本变动影响				

➤ 复习题

1. 简述会计报表的设计要求。
2. 会计报表设计的基本内容包括哪些?
3. 会计报表的报送程序包括哪几步?
4. 简述会计报表设计的步骤。
5. 对外会计报表设计的主要内容及重点是什么?
6. 对内会计报表设计有什么特殊要求?
7. 日常管理用报表设计的主要内容有哪些?

➤ 思考设计题

1. Z 公司主要生产厨房小家电,如电饭煲、酸奶机、榨汁机、煎烤机等。从年报来看,Z 公司的业绩掉头向下,对此,总经理找到主管生产的孙经理和主管财务的李经理协商讨论对策,希望做到降本增效,以价格优势提高企业的市场竞争力。为了降低成本,孙经理需要研究当前生产过程的产品成本以及各项费用情况。请根据孙经理的需求,为 Z 公司设计对内会计报表。

2. XY 公司 2022 年 12 月各账户的资料如下:

XY 公司 2022 年累计发生额、余额表

2022 年 12 月　　　　　　　　　　　　　　　　　　　　　　　　　　　单位:元

账户	期初余额		累计发生额		期末余额	
	借方	贷方	借方	贷方	借方	贷方
库存现金	900		50 010	50 280	630	
银行存款	112 000		212 100	140 128	183 972	
应收账款	13 000		25 100	8 050	30 050	
其他应收款	200			200		
原材料	86 900		20 000	68 500	38 400	
库存商品	27 000		135 000	108 000	54 000	
固定资产	950 000				950 000	
累计折旧		285 000		2 000		287 000
短期借款		80 000	30 000			50 000
应付账款		11 700	11 700	6 390		6 390
应付职工薪酬			53 000	53 000		
应交税费		2 100	3 298	27 200		26 002
其他应付款		900				900
实收资本		600 000		50 000		650 000
资本公积		70 300				70 300
盈余公积		120 000				120 000
本年利润			133 790	133 790		
利润分配		20 000		26 460		46 460
生产成本			135 000	135 000		
制造费用			32 800	32 800		
主营业务收入			160 000	160 000		
主营业务成本			108 000	108 000		
税金及附加			2 390	2 390		
销售费用			180	180		
管理费用			22 970	22 970		
财务费用			250	250		
	1 190 000	1 190 000	1 135 588	1 135 588	1 257 052	1 257 052

请根据以上资料，为 XY 公司设计 2022 年度资产负债表。

3. 下表是 XZ 公司的管理费用明细表。

XZ 公司管理费用明细表　　　　　　　　　　　　　单位：元

项目	2020 年		2021 年		2022 年		备注
	计划	实际	计划	实际	计划	实际	
工资及福利费	560 000	605 000	640 000	643 000	640 000	667 000	
差旅费	120 000	135 000	150 000	168 000	160 000	210 000	
办公费		125 000		166 000		198 000	
折旧费	50 000	48 000	53 000	55 000	56 000	54 000	
维修费		60 300		85 000		120 900	
业务招待费		150 000		230 600		313 000	
技术开发费	50 000	45 000	50 000	52 200	50 000	51 300	
存货盘亏	15 000	14 500	15 000	30 000	23 000	35 200	
其他	100 000	110 000	120 000	150 000	16 000	170 000	
合计						1 819 400	

请思考以下问题：

（1）上表能否满足管理部门的决策需要？若不能，请指出其在内容和格式上有何缺点。

（2）假如 XZ 公司的管理费用明细表难以满足相关部门控制管理费用的决策需要，请根据所学知识为 XZ 公司设计一份管理费用明细表。

4. 贵州开磷矿业总公司为开磷集团下属分公司，主要从事磷矿石开采及矿砂、矿粉加工，公司磷矿石年生产能力达 260 万吨以上。

公司地处贵州省开阳县金中镇，东距开阳县城 29 公里，西距息烽县城 28 公里，西南距贵阳市 86 公里，北距遵义市 102 公里。矿区基础设施完备，交通便利，通信畅通，有 30.6 公里的专用准轨铁路与川黔铁路干线小寨坝站接轨，有金阳公路、金开公路分别与贵遵高速公路和贵开高等级公路相通。

公司设有用沙坝矿、采矿部、开拓部、页岩砖厂、设备动力部等生产单位，另设技术部、安全管理部、企业管理部、劳动人事部等管理职能部门。

在国家规划开采范围内，公司主要负责开磷矿区用沙坝矿段、牛赶冲矿段、马路坪矿段磷矿石的开采，其矿石品位高，P2O5 平均含量为 33.67%，不经选矿即可直接用于生产高浓度磷复肥。

根据贵州开磷矿业总公司的情况,页岩砖厂属于辅助生产,开磷矿区用沙坝矿段、牛赶冲矿段、马路坪矿段是主体,每个矿段由中队组成,中队又由若干班组构成。开拓、采矿是主要作业。

请列出适用于该公司精细化管理的对内会计报表传递流程,并说明它与企业管理过程有何关系。

5. 认真阅读贵州开磷矿业总公司2021年2月开拓工程量验收表,分析表中信息可能在企业哪些会计报表及附表中有所反映,它们的勾稽关系如何?

贵州开磷矿业总公司2021年2月开拓工程量验收表　　　　　单位:立方米

序号	单位及工程名称	年度计划 脉外	当月 计划	集团验收量 当月	集团验收量 累计
	总公司(内部)	17 696	985	625	1 750.7
一	用沙坝矿段	9 450	600	0.0	536.0
(一)	1 120中段	1 450	120	0.0	100.0
1	北1#盘区	300	0.0	0.0	0.0
(1)	矿房石门	300			
2	北2#盘区	780	90	0.0	100.0
(1)	矿房石门	400	30		0.0
(2)	充填脉外采准	380	60		100.0
3	南1#盘区	200	30	0.0	0.0
(1)	矿房石门	200	30		
4	南2#盘区	170	0	0.0	0.0
(1)	矿房石门	170			0.0
(二)	1 070中段	8 000	480	0.0	436.0
1	北1#盘区	1 300	100	0.0	96.0
(1)	1 110层道及巷				10.0
(2)	1 100分层平巷				27.0
(3)	1 090分层平巷				21.0
(4)	1 080分层平巷				27.0
(5)	管线井道石门				11.0
2	北2#盘区	1 350	50	0.0	0.0
3	南1#盘区	1 250	120	0.0	110.0
(1)	1 090分层平巷				31.0

单位：立方米（续表）

序号	单位及工程名称	年度计划 脉外	当月 计划	集团验收量 当月	集团验收量 累计
（2）	1 080 分层平巷				54.0
（3）	矿房及溜井门				25.0
4	南 2# 盘区	1 250	120	0.0	120.0
（1）	1 100 分层平巷				38.0
（2）	1 090 分层平巷				47.0
（3）	1 080 分层平巷				35.0
5	南 3# 盘区	1 450	20	0.0	**0.0**
（1）	斜坡道		20		**0.0**
6	南 4# 盘区	1 000	60	0.0	110.0
（1）	1 090 层道及巷				50.0
（2）	1 080 层道及巷				60.0
7	1 070 盘区填井	400	10		0.0
二	**牛赶冲矿段**	**3 485**	**105**	**192**	**473.0**
三	**马路坪矿段**	**4 761**	**280**	**433**	**741.7**
	部室领导：徐			审核：刘	

实验题

Y 公司是一家地处深圳的大型集团公司。2023 年 5 月，Y 公司的法人代表吴某在一次包括财务总监张某参加的高层会议中提出了几个观点：

（1）管理费用金额过大且有猛涨之势，原因之一是管理不当，应对下属 5 家子公司、10 家省级分公司以及 5 个职能科室的管理费用进行例外管理。

（2）最好能将管理费用管到基层，并与预算管理、绩效考核相结合，各个分公司及职能科室应每月分析一次，总公司应每个季度分析一次。

（3）管理费用中的业务招待费超支影响企业所得税，是个多年未解决的问题。当然，对外必要的接待是不可或缺的，主要应适当地控制一些对内的以及部分对外的非必要的接待。

（4）管理费用的考核应更加严格，并与各下属单位领导集体的薪酬挂钩。

会后，财务总监张某召开财务部门会议，并明确由财务部副经理李某负责落实到位，请代李某回答以下问题：

（1）应设计哪些会计报表？

（2）各会计报表设计应考虑的主要因素有哪些？

（3）如何划分各会计报表设计的主要内容？

（4）各会计报表设计应做特殊说明的内容有哪些？

（5）能否设计出各会计报表的样表？

（6）本例对会计人员与非会计人员的沟通方式有何启示？

（7）写出不少于200字的设计报告，内容应至少包括体会、建议。

第七章　成本管理设计

[知识目标]

1. 了解成本核算制度设计的内容和原则。
2. 明确成本开支范围设计的内容和要求。
3. 熟悉生产费用在完工产品与在产品之间分配的方法和分配设计。

[能力目标]

1. 能举例说明产品成本计算方法设计的步骤。
2. 能按目标企业的具体情况设计产品成本计算方法。
3. 能掌握特殊目标企业产品成本计算方法与分配的设计。

导入案例

请认真阅读以下案例并思考三个问题:

1. 公立医院成本管理有何特点?
2. 公立医院成本管理与企业成本管理有何异同?
3. 本案例的成本核算体系对你有何启示? DRG 支付体系下医院成本管理如何转型?

A 医院成本核算流程、要求、归集与分摊

……

第十三条　核算流程:各核算单元(核算科室)先进行医疗业务支出耗费归集,划分直接成本和间接成本,直接成本直接计入,间接成本分配计入,归集形成科室业务成本;再按照分项逐级、分步结转的三级分摊方法,依次对公用支出、行政后勤类科室耗费、医疗辅助类科室耗费、医疗技术类科室耗费进行结转,形成临床科室医疗成本。同时,根据核算需要,对财政补助项目形成的固定资产折旧和无形资产摊销、科教项目形成的固定资产折旧和无形资产摊销进行归集与分摊,分别形成临床科室医疗全成本、临床科室医

院全成本;在此基础上,通过归集与分摊,计算项目成本、病种成本。A 医院成本核算流程如图 1 所示。

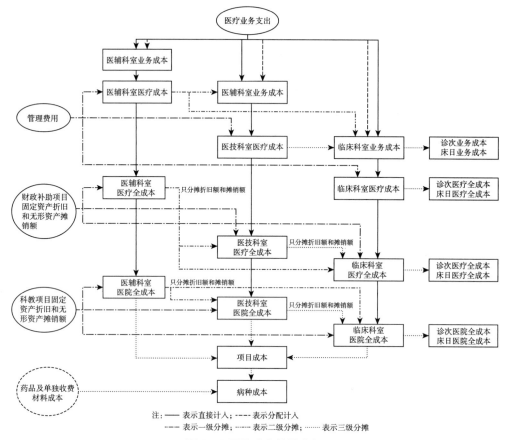

图 1 A 医院成本核算流程

第十四条 成本核算要求:

(一)做好成本核算的基础工作。

1. 清产核资。对医院资产进行全面清查,具体包括资产清查、产权登记、价值确认、资产核实等,建立健全资产管理明细账卡。

2. 建立健全实物资产管理制度。

3. 建立成本核算的原始记录和凭证传递流程。成本核算离不开可靠的原始记录和凭证,因此应制定原始记录和凭证的合理传递流程,为成本核算提供可靠的依据。

4. 各部门按规范路径采集成本核算的基础数据,包括收入数据、成本数据、内部服务数据、工作量数据、日常基础数据。

(二)正确划分费用界限。为正确进行成本核算,保证成本核算真实、可靠,必须正确划分各种费用界限。

1. 正确划分不同性质费用的界限。

2. 正确划分直接费用和间接费用的界限。

3. 正确划分资本性支出和收益性支出的界限。

4. 正确划分各月费用的界限。

5. 正确划分各成本对象费用的界限。

（三）合理制定内部结算方法和确定成本计算方法。医院内部相互之间提供服务，应制定内部结算方法，合理确定内部结算价格；根据不同的成本核算对象，结合管理要求，确定不同的成本计算方法。

第十五条 成本归集：科室为开展医疗服务活动而发生的直接成本，直接计入或按内部服务量、内部服务价格等方法计算后计入科室成本；间接成本按照一定原则和标准分配后计入科室成本。A医院成本归集流程如2图所示。

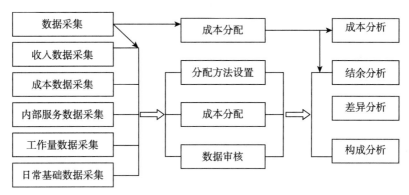

图2 A医院成本归集流程

第十六条 成本分摊：各类科室发生的间接成本应本着相关性、成本效益关系及重要性等原则，按照分项逐级、分步结转的方法进行分摊，最终将所有成本结转到临床科室。成本分摊流程是通过合理的分摊方法，对已采集的成本数据进行分项逐级、分步结转的三级分摊，以达到将所有成本最终归集到直接成本科室(临床科室)的目的。A医院成本分摊流程如图3所示。

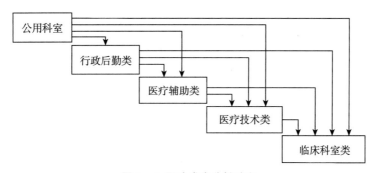

图3 A医院成本分摊流程

第一节　成本管理设计概述

一、成本管理设计

拓展阅读

成本管理是指企业生产经营过程中各项成本计划、成本核算、成本分析、成本控制等一系列科学管理行为的总称。成本管理充分动员和组织企业全体人员,在保证产品质量的前提下,对企业生产经营过程的各个环节进行科学合理的管理,力求以最少的生产耗费取得最大的生产成果。

二、成本管理设计的意义

成本管理设计具有以下意义:

成本核算与成本管理视频讲解

(1) 有助于降本增效,为产品定价及企业的经营决策提供依据。此外,成本核算和成本分析是否准确、完整,会对企业的重大决策(如经营、投资、融资等)产生影响。

(2) 有助于提高生产要素运营能力,增强企业竞争力。具体来说,有助于促进生产要素合理流动,实现资源优化配置,促使企业生产高质量产品、提供优质服务。

三、成本管理设计的特点

成本管理设计具有以下特点:

(1) 满足企业内部管理的需要。成本管理设计主要为企业内部管理人员服务,对各种相关数据进行加工、整理,向各级管理人员提供有效信息,帮助其进行规划、预测及决策等,从而提高企业的经营效益。

(2) 以规划未来为重点。成本管理以有关会计资料为依据,对企业过去的经营情况进行分析与评价,进而有效地规划未来,大大提高了企业各项经济活动的计划性。

(3) 不受会计制度的制约。成本管理所提供的信息只对管理的科学性和有效性产生影响,不受会计制度的制约。

(4) 所提供的信息具有相关性、准确性、一贯性、客观性和成本效益性。成本管理侧重于规划未来,在做出预测、决策的过程中,容易遇到诸多不确定性因素。因此,企业所设计的成本管理制度应能及时提供有效信息,便于管理人员及时做出正确的决策。

第二节 成本计划设计

成本计划是指根据计划期的生产任务、降低成本的要求及其相关资料,通过一定的程序,运用一定的方法,以货币计量的形式预先规定计划期内产品的生产耗费以及各种产品成本水平。

成本计划属于成本的事前管理,是企业经营管理的重要组成部分,通过对成本的计划与控制,分析实际成本与计划成本之间的差异,进而达到促进企业发展的目的。企业的整体预算从销售预算开始,最终流向预计利润表和预计现金流量表,而成本计划是其中的主要中间环节。因此,做好成本计划对企业的经营管理而言意义重大。

一、成本计划设计的内容

成本计划设计包括以下内容:

(1)按照生产要素确定的生产耗费,编制生产费用预算,如变动性制造费用采用弹性预算,固定性制造费用采用固定预算。

(2)按照生产费用的经济用途,即按照产品成本项目编制产品单位成本计划和全部产品成本计划。

编制成本计划对于做好成本计划工作、提高企业领导和职工降低成本的自觉性、克服盲目性、严格控制生产费用支出、挖掘降低成本的潜力、保证完成成本计划任务、提高产品的经济效益都具有重要意义。

二、成本计划设计的要求

成本计划设计应满足以下要求:

(1)以先进、合理的技术经济定额为依据设计成本计划,主要包括物资消耗定额、劳动定额、费用开支定额等。

(2)以其他生产经营计划为依据设计成本计划,即以生产计划、物资供应计划、劳动工资计划等为依据设计成本计划。

(3)依照分级归口管理的原则设计成本计划,由财会部门负责组织相关部门参与成本计划的设计工作,确保成本计划与实际相符。

三、成本计划设计的程序

成本计划设计的程序如下:

(1) 收集、整理资料。主要收集的资料包括:①各项成本降低指标及有关规定;②计划期内企业的生产、物料供应、劳动工资和技术组织措施等计划;③计划期内各种直接材料、直接人工的消耗定额和工时定额;④材料计划价格、各部门费用预算以及劳动工资率;⑤上期产品成本资料;⑥费用开支标准及有关规定。

(2) 成本指标的试算平衡。对上期成本计划完成情况进行分析,并进行反复测算,确定计划期的目标成本。此外,成本指标的试算平衡还要与其他计划指标进行综合平衡。

(3) 编制成本计划。

四、成本计划设计的方法

不同企业的生产特点及管理要求存在差异,因此其成本计划设计的方法也不尽相同,主要有以下几种:

(1) 一级编制成本计划。以企业财会部门为核心,由其他有关部门协作,根据经营计划的要求编制成本计划。这是一种自上而下的方法,适用于规模较小或产品品种较少的企业。

(2) 分级编制成本计划。首先,由生产车间编制车间的成本计划;然后,由企业财会部门汇总编制企业成本计划。这是一种自下而上的方法,适用于规模较大或产品品种较多的企业。

(3) 一级分级相结合编制成本计划。一部分成本项目按一级编制成本计划,另一部分成本项目按分级编制成本计划。此方法较为灵活,适用于各类企业。

第三节 成本核算设计

成本核算是应用会计原理、会计准则,系统地记录企业产品生产或劳务提供过程中发生的一切费用,确定各种产品或劳务的单位成本和总成本,以便准确计算销售利润和提供各种成本资料。它是组织和处理成本会计工作的规范,也是会计制度的组成部分。因此,企业有必要设计成本核算制度。

一、成本核算制度设计的原则

成本核算制度设计是根据国家的有关会计法规制度,结合企业的生产经营特点和成本管理需要,制定成本核算方面的有关制度。为了保证成本核算制度的科学性、完整性和有效性,充分发挥其作用,在设计成本核算制度时应遵循以下原则:

1. 符合国家有关会计法规制度的规定

《企业会计准则》等会计法规制度对企业的成本核算制度、成本开支范围等均做出了明确的规定,各企业在设计成本核算制度时,必须严格贯彻、执行,不得与此相抵触;否则,各企业的成本核算制度将失去统一的标准。

2. 适应企业的生产经营特点

由于各企业的经济性质、生产经营方式、会计核算组织方式、经营管理的要求和目的不同,因此成本核算制度的设计在强调统一性的同时必须体现各企业的生产经营特点,注重制度的适用性,将制度的统一性与适用性有机地结合起来,以适应各企业的具体情况,设计出科学合理的成本核算制度。

3. 简化成本核算手续

要正确地归集和分配生产费用、计算产品成本、为经营管理提供准确的成本资料,必须有严密、完整的成本核算制度。但是,为了保证成本资料的及时性,简化会计工作,提高工作效率,企业在设计成本核算制度时必须坚持保证成本指标真实可靠与简化手续相结合的原则,对于一些对产品成本影响不大的费用支出应尽量采用简化的核算方式。

4. 有利于提高成本管理水平

成本核算制度应保证和促进成本管理各项职能的充分发挥。成本管理的职能,一般包括成本预测、成本计划、成本控制、成本核算、成本分析和成本考核等,它们相互关联,共同促进成本管理工作的改善。充分发挥这些职能,有利于控制各种生产费用的支出,降低产品成本。为此,成本核算制度的设计必须坚持有利于提高成本管理水平的原则,这也是最重要的原则。

二、成本核算制度设计的内容

成本核算制度是为核算生产费用和计算产品成本而制定的制度,是成本制度的基本内容,包括生产费用的核算和产品成本的核算。所有的企业都应在国家会计法规制度的指导下,结合自身实际情况设计成本核算制度。其中,对于国家有统一要求和规定的内容,企业应严格执行并制定相应的配套制度。成本核算制度设计的内容具体如图 7-1 所示。

图 7-1　成本核算制度设计的内容

三、成本核算制度的具体设计

（一）成本开支范围的确定

成本开支范围是指应列入产品成本的费用项目及具体内容,主要用来反映企业生产消耗水平,保证国家和企业利益分配、企业成本核算指标与其他核算指标口径一致。

1. 成本开支范围设计的要求

成本开支范围设计应满足以下要求：

（1）必须依据《企业财务通则》制定具体细则。

（2）充分发挥基层单位在成本开支范围设计中的作用。生产费用的内容繁杂,企业应根据实际情况,对国家的相关规定进行必要的补充和具体化,方便会计人员操作。

2. 成本开支范围设计的内容

以制造企业为例,成本开支范围的设计应包括以下内容：

（1）产品生产过程中发生的直接材料费用,包括实际消耗的原材料、辅助材料、备品配件、外购半成品、燃料、动力、包装物以及其他直接材料费用。

（2）直接从事产品生产人员的工资、奖金、津贴和补贴等。

（3）为产品生产而发生的其他直接费用,如直接从事产品生产人员的职工福利费等。

（4）各生产单位为组织和管理生产而发生的生产单位管理人员的工资、奖金、津贴、补贴和职工福利费等。

（5）生产单位房屋、建筑物、机器设备等折旧费,固定资产修理费、租赁费(不含融资租赁费),原油储量有偿使用费、油田维修费、矿山维修费等。

（6）生产单位为组织、管理生产而发生的机物料消耗、低值易耗品摊销、取暖费、水电费、差旅费、办公费、运输费、设计制图费、试验检验费、劳动保护费及其他间接制造费用。

(7) 为促进生产单位加强管理、节约开支、减少浪费而规定可计入产品成本的内容,如保险费、废品损失、季节性或修理期间的停工损失等。

应当指出的是,属于期间费用(管理费用、财务费用、销售费用)的各项损益性支出、各项资本性支出、各种对外投资性支出、各项罚没支出及营业外支出(如滞纳金、违约金等)、国家法律法规规定以外的各种付费、国家规定不得列入产品生产成本的其他支出通常不列入产品成本开支范围。

(二) 成本计算对象、成本计算期、成本项目的确定

1. 成本计算对象的设计

成本计算对象是成本的承担者,即为计算产品成本而确定的归集和分配生产费用的各个对象,是编制产品成本明细账、分配生产费用、计算产品成本的基础。成本计算对象通常是产品,但企业的生产特点和管理要求对成本计算对象的确定有着较大的影响。成本计算对象的设计不仅要适应企业的生产特点,还要满足企业强化成本管理的需求。企业生产特点与成本计算对象的关系如表7-1所示。

表7-1 企业生产特点与成本计算对象的一般关系

生产组织方式	工艺过程	成本计算对象	成本计算期
单件小批	单步骤生产	该件或该批产品	生产周期
	连续加工	产品各加工步骤	生产周期
	平行加工	该件或该批产品	生产周期
大批大量	单步骤生产	产品品种或批别	会计期间
	连续加工	产品各加工步骤	会计期间
	平行加工	产品品种或批别	会计期间

2. 成本计算期的设计

产品成本计算期理论上是产品的生产周期。对于大批大量生产的企业,其产品在不断地投入、产出,产品的生产周期大多较短,其成本计算期通常以日历月份为准;对于单件小批生产的企业,其成本计算期可以按产品的生产周期确定。

3. 成本项目的设计

为了设计成本项目,首先应对产品的成本构成内容进行分类。理论上,既可以按产品的经济内容分类,此种分类通常与要素费用(外购材料、外购燃料、外购动力等)一致,但是不利于成本管理;又可以按产品的经济用途分类,即分为直接材料、直接人工与福利

和制造费用。实际工作中,更多地采用后者。

企业可以根据实际情况和管理要求对成本项目进行适当的合并或分解。但是应当注意的是,不同行业的成本构成内容不同,其成本项目应根据实际情况和管理要求进行设计;产品成本构成内容的分类应粗细适当。

(三)生产费用的归集和分配程序的规划

1. 生产费用的分配标准和分配方法设计

分配标准和分配方法的设计决定了共同费用与制造费用的分配。

(1)分配标准设计。可供选择的分配标准通常有以下三类:①实物指标分配标准,指以产品、劳务或耗用材料等的实物量为分配标准,如产品的重量等;②生产指标分配标准,指以生产工人工作时间、机器设备工作时间和其他有关时间指标为分配标准;③价值指标分配标准,指以生产工人工资成本、直接材料成本等指标为分配标准。

(2)分配方法设计。分配方法设计与分配标准设计密切相关,分配标准设计是分配方法设计的前提,分配标准决定了分配方法。虽然分配标准不一,但是分配计算的步骤、原理大致相同,包括:①计算分配率,分配率=应分配费用/所选择的分配标准(按各分配对象计算的);②将应分配费用进行分配,各分配对象应分配的份额=分配率×各分配对象的分配标准。

不同企业共同费用与制造费用的分配标准和分配方法存在差异,但总体上还是有规律可循的。生产费用的分配标准和分配方法如表7-2所示。

表7-2 生产费用的分配标准和分配方法

生产费用		分配标准和分配方法
要素费用	材料费用	重量、体积、产量、定额消耗量或定额费用比例
	燃料费用	重量、体积、所消耗原材料的数量或费用、燃料的定额消耗量或定额费用比例
	动力费用	产品的生产工时、机器工时、定额消耗量或定额费用比例
	工资及职工福利费	产品的生产工时
间接费用	制造费用	生产工人工时、生产工人工资、机器工时、年度计划分配率
	辅助生产成本	直接分配法、交互分配法、代数分配法、计划分配法

2. 生产费用在完工产品与在产品之间分配的方法设计

生产费用经过归集和分配后,成本计算单就集中反映了某种产品的全部成本。若某产品在计算期内全部完工,则成本计算单反映的就是完工产品成本;若某产品在计算期内尚未全部完工,则成本计算单反映的产品成本还应在完工产品与在产品之间进行分配,分配方法具体如表7-3所示。但是应特别注意的是,同一家企业可以有多种分配方法,但每一种产品只能选择一种分配方法,且一经选定就不得随意变换。

表7-3 分配方法

分配方法	适用范围
不计算在产品成本	对于生产周期短、月末无在产品或在产品数量较少的产品,在产品成本可以忽略不计,生产费用全部由完工产品承担
在产品按年初数固定计算	若月末在产品数量少,或在产品数量很多但前后各期较稳定,则每月的在产品按一个固定成本数从成本计算中扣除,其余的由完工产品承担
在产品只计算直接材料	若在产品成本中直接材料占比较大,此时在产品只计算直接材料,对成本计算中的其他费用不予分配
在产品按定额成本扣除	若产品的定额资料完整、准确,则在产品的定额成本可以根据月末的定额数量和定额资料进行计算,此时每月的在产品成本按定额成本数从成本计算中扣除,其余的由完工产品承担
实际投产产量法	若月末在产品数量多且变化不稳定,并与完工产品具有等量消耗水平,此时完工产品和在产品的成本可按当期实际投产产量进行比例分配
约当产量法	若月末在产品数量多且变化不稳定,并与完工产品不具有等量消耗水平,此时需计算期末在产品的约当产量(在产品约当产量=在产品数量×完工百分比),完工产品和在产品的成本按完工产品数量和期末在产品约当产量进行比例分配
定额比例法	若月末在产品数量多且变化不稳定,但产品的定额资料完整、准确,此时完工产品和在产品的成本按完工产品和期末在产品的定额比例进行分配

3. 生产费用归集和分配的流程设计

成本开支范围、成本核算体制、成本计算方法、有无在产品以及费用的期限等因素均会影响归集和分配生产费用的流程。

生产费用归集和分配要经历以下流程:

(1)按费用的性质、种类在各个相关的耗用部门之间进行归集和分配。直接费用直接计入基本生产成本或辅助生产成本的各成本计算对象,间接费用计入车间的制造费用,期间费用按用途计入企业管理部门的管理费用、财务费用和销售费用。

(2)将成本计算期内发生的制造费用,按成本计算对象的受益情况进行分配,转入生产成本。

(3)各成本计算对象应负担的费用在完工产品与在产品之间进行分配。

应当注意的是,在进行生产费用归集和分配的具体设计时,要与会计账户设置和成本计算方法相联系。

（四）成本计算方法的选择与确定

1. 产品成本计算方法设计的步骤

产品成本计算方法的设计通常按照以下步骤进行：

（1）对现有可选择的成本计算方法（如品种法、分步法、分批法，其比较如表7-4所示）分别进行分析，并结合实际做出选择。

（2）对所选取的基本成本计算方法加以完善或创新。对于许多产品来说，基本成本计算方法仅仅提供了大致的框架，还应对其加以补充、修订或创新。设计者必须具备深厚的专业功底和设计经验，并深入了解被设计单位的实际情况，进而进行设计。

（3）以文字、流程图等形式对所设计的成本计算对象、生产费用归集和分配方法、成本计算程序等做出说明，并形成制度。

表7-4 三种基本成本计算方法的比较

生产工艺特点	生产组织方式		成本管理要求（是否要求分步核算）	成本计算对象	费用是否在完工产品与在产品间分配	成本计算方法	适用企业
单步骤生产	大量生产		否	全厂某月的产成品	否	品种法	采掘、水电厂等
复杂多步骤生产	连续式	大量生产	否	全厂某月的产成品	是	品种法	砖瓦、水泥、化工等
		大量生产	是	各步骤某月的半成品、产成品	是	分步法	钢铁、纺织、酿酒等
	装配式	大量生产	是	各步骤某月的半成品、产成品	是	分步法	机械制造
		大量生产	否	全厂某月的产成品	是	品种法	钟表、玩具等
		成批生产 大批	是	各步骤某月的半成品、产成品	是	分步法	机械制造、玻璃、仪器
		成批生产 小批	是	全厂或车间某批产品	否	分批法	服装、家具
		单件生产	是	全厂或车间某件产品	否	分批法	机械修理、自制设备

2. 产品成本计算方法设计中的特殊考虑

实际工作中，企业在选定了基本成本计算方法后，会结合自身实际情况对其加以补充、修订或创新。

（1）对于采用逐步结转分步法的企业，还应进一步确定是采用分项逐步结转分步法还是采用综合逐步结转分步法。

（2）对于产品种类、规格繁多，但产品性能、结构大致相同的企业，应优先选择基本成本计算方法，再采用比例法（系数法），即按照产品的结构、性能、工艺流程、原料及主要材料情况对产品进行分类，将大致相同的归为一类作为一个成本计算对象，先归集其总成本，再按一定的比例（系数）对各类中的具体品种进行分配。

（3）对于定额管理制度较健全，定额管理工作基础较好，产品的生产已经定型，消耗定额合理、正确、稳定的企业，应首先选择基本成本计算方法，再采用定额法，即制定出产品成本的各项消耗定额和定额成本，在归集生产成本时，分别核算符合定额的费用和脱离定额的费用，月末在定额成本的基础上加减脱离定额的各种成本差异，计算出产品的实际成本。

（4）有的企业同时采用几种成本计算方法，如既有基本生产车间又有辅助生产车间的一般制造企业，同时生产定型产品（大量大批生产）和非定型产品（单件小批生产）的企业。

（5）有的企业将几种成本计算方法结合应用，即以一种成本计算方法为主，而依据其他成本计算方法的某些特点加以结合应用。如单件小批生产的机械制造企业，最终产品采用分批法计算成本，而在铸造阶段采用品种法，从铸造到机加工阶段采用平行结转分步法。

由于企业的生产情况、管理要求较为复杂，其成本计算方法也多种多样，设计时应根据企业规模大小、生产特点、管理要求及能力等，灵活运用各种成本计算方法。

值得注意的是，成本计算方法是经过人们不断地实践、改进而来的，并不是一成不变的，企业应对其不断地加以补充、修订和创新。

第四节　成本分析设计

成本分析是指利用成本核算及其他有关资料，系统地研究影响成本变动的各种因素及其变动的原因，寻找降低成本的途径。成本分析在成本管理工作中非常重要。

一、成本分析的内容

成本分析包括以下内容：

（1）在成本核算及其他有关资料的基础上进行深入分析，合理评价企业成本计划的执行情况。

(2) 揭示成本变动的原因,查明影响成本变动的因素及其变动的原因。

(3) 寻求降低成本的精益管理途径与方法,不断提高企业的经济效益。

二、成本分析设计的原则

成本分析设计应遵循以下原则:

1. 全面分析与重点分析相结合的原则

成本分析应树立全局观,以国家有关方针、政策以及相关法律为依据,将企业利益与社会利益相结合。一般来说,企业日常可能出现的成本差异较多,分析人员可以主要对例外差异进行重点分析,即对差异额较大、差异持续时间过长等的成本进行重点分析,以提高工作效率。

2. 专业分析与群众分析相结合的原则

成本分析应做到专业分析与群众分析相结合,将专业分析建立在群众分析的基础之上,激发广大群众分析成本的自觉性以及寻求降低成本途径的积极性。

3. 纵向分析与横向分析相结合的原则

纵向分析即对同一企业在不同时期的对比分析,可以很好地观察企业成本的变动情况;横向分析即对同行业的多家企业在同一时期的对比分析,有利于企业发现自身差距。

4. 事后分析与事前、事中分析相结合的原则

成本分析不能局限于事后分析,还应包括事前分析与事中分析,三者紧密联系构成一个完整的分析体系,缺一不可。企业只有将成本分析贯穿企业生产经营的全过程,才能及时发现问题,揭示差异,合理评价业绩。

三、成本分析设计的程序

成本分析设计通常按照以下程序进行:

1. 明确成本分析的目的

成本分析的目的通常可以概括为降低成本,为业绩评价提供依据,为管理人员做出有效决策提供信息支持。

2. 确定成本分析的标准

企业通常以自身的成本计划指标为成本分析的标准,将实际成本与计划成本、历史成本、同行业成本指标进行对比,找出差异并揭示原因。

3. 收集、汇总成本分析相关资料

为了进行成本分析,必须收集真实可靠的资料。如果资料不全,就会导致成本分析结论失去价值。

4. 运用恰当的方法进行分析

成本分析所选用的方法必须实用、恰当,符合实际情况。

5. 得出分析结论并提出优化建议

首先分析各指标之间的差异,找出各影响因素之间的内在联系,继而得出分析结论;然后根据分析结论,针对所存在的问题提出可行性建议,吸取经验教训并加以完善。

四、成本分析的方法

成本分析的方法主要有对比分析法和因素分析法,其具体内容如表7-5所示。

表7-5 成本分析的方法

方法		步骤	特点
对比分析法		将实际指标与计划指标进行对比,检查计划完成情况,分析影响计划完成的积极因素,进而挖掘内部潜力,以便及时采取措施,保证成本目标的实现。注意:成本指标必须具有可比性;在进行对比时应注意计划本身的质量;若计划本身出现质量问题,则应及时调整计划,重新正确评价	①本期实际指标与上期实际指标对比,反映成本管理水平的提高程度 ②本期实际指标与同行业平均水平、高水平对比,反映本企业的成本管理与同行业其他优秀企业的差距
因素分析法	连环替代法	①确定分析对象(某经济指标);②确定该指标由哪些因素组成,并按其相互间的关系进行排序;③以计划数为基础,依次以一个因素的实际数代替计划数,直到所有的因素都以实际数替代;④比较相邻两次计算结果,测算每一个替代因素的影响方向和程度;⑤各个因素的影响程度之和应与分析对象的差异一致	确定导致某指标变动的不同因素的影响程度
	差额计算法	利用各因素的实际数与计划数的差额,直接计算各因素变动对经济指标差异的影响程度	连环替代法的简化形式,确定导致某指标变动的不同因素的影响程度
	相关分析法	在分析某指标时,将与该指标相关但又不同的指标加以对比,分析其相互关系	找出相关指标之间规律性的关系

第五节 成本控制设计

成本控制是指企业根据预先确定的成本制度和管理控制目标,在一定的职权范围内,在成本过度耗费发生之前,对各种可能影响企业成本的主要因素和不利条件进行管控,进而采取风险预防和成本控制措施,从而保证成本管理控制目标顺利实现。广义的成本控制包括事前控制、事中控制和事后控制。狭义的成本控制仅指产品生产过程中的成本控制,不包括事前控制和事后控制。

一、成本控制设计的原则

成本控制设计应遵循以下原则:

1. 全面介入原则

全面介入即全部、全员、全过程控制。全部控制是指对产品生产的全部费用加以控制,不仅对变动费用进行控制,还对固定费用进行控制;全员控制是指促进领导干部、管理人员、工程技术人员和广大职工树立成本意识,参与成本控制,认识到成本控制的重要意义;全过程控制是指对产品的设计、生产、销售过程等进行控制,并将控制的成果在有关报表上加以反映,借以发现缺点和问题。

2. 例外管理原则

成本控制要关注超乎常规的例外情况。因为实际发生的费用往往与预算有差异,若差异不大,则没有必要一一查明原因,而只要把注意力集中在超乎常规的例外事项上,并及时地进行信息反馈。

3. 经济效益原则

提高经济效益,不仅要降低成本的绝对数,更重要的是实现相对节约,以较少的消耗取得较多的成果,从而取得最佳的经济效益。

二、成本控制设计的要求

成本控制设计的要求主要有以下三点:

(1) 对各种费用开支进行控制。

(2) 对各项生产经营活动所耗费的人力、物力进行控制。

(3) 对各项生产经营活动进行控制,提高经济效益。

三、成本控制设计的程序

成本控制设计通常按照以下程序进行:

1. 确定成本控制标准

管理者应以计划为基础确定成本控制标准。成本控制标准应适当,过高或过低的成本控制标准都难以体现成本控制的价值。

2. 分解落实成本控制标准，具体控制成本形成过程

将成本控制标准层层分解，具体落实到各部门、各产品乃至个人身上。

3. 分析比较的结果，揭示成本差异

将实际成本与标准成本进行比较，并寻找偏差，分析产生差异的原因。若分析结果表明无偏差或只存在"健康"的正偏差，则不必进行下一步，控制在此终止。

4. 采取管理行动，纠正偏差

纠正偏差的方式主要有改进工作业绩和修订标准。

四、成本控制的方法

成本控制的方法主要有目标成本法、定额成本法、作业成本法和标准成本法，其具体内容如表7-6所示。

表7-6 成本控制的方法

方法	步骤和特点
目标成本法	企业在生产经营过程中，按照预先拟定的成本计划来调节影响成本费用的各种因素，以达到企业内部各部门各种耗费控制在计划范围内，从而使企业降低成本费用，提高经济效益的一种成本控制方法 目标成本法是一个利润计划和成本管理系统，它可以确保新产品与新服务的定价满足市场需求和财务回报要求 基本指导思想：目标成本＝目标价格－目标利润
定额成本法	企业为了及时地反映与监督生产费用和产品成本脱离定额的差异，加强定额管理和成本控制而采用的一种成本控制方法 定额成本法需要事先确定定额成本，才能进行成本的核算和差异的分析
作业成本法（ABC法）	以作业为核算对象，通过成本动因来确认、计量作业量，进而以作业量为基础分配间接费用的一种成本控制方法 基本指导思想：作业消耗资源，产品（服务或顾客）消耗作业
标准成本法	以预先确定的标准成本为基础，将标准成本与实际成本进行比较，核算和分析成本差异的一种成本控制方法，也是加强成本控制、评价经营业绩的一种成本控制制度 其核心是按照标准成本记录和反映产品成本的形成过程与结果，并借此实现对成本的控制

▶ 复习题

1. 设计成本核算制度在企业的成本核算中有何意义？
2. 成本核算制度设计的原则有哪些？
3. 成本开支范围设计的要求有哪些？

4. 试述企业的生产组织方式、生产工艺特点与成本计算对象的关系。

5. 试述三种基本成本计算方法的适用条件。

6. 产品成本计算方法设计中应特殊考虑的内容有哪些？

7. 试述成本核算与成本管理的区别和联系。

▶ 思考设计题

深圳市中金岭南有色金属股份有限公司（000060）韶关冶炼厂是我国首家采用英国帝国熔炼公司密闭鼓风炉炼铅锌专利技术（ISP 工艺）的大型铅锌冶炼企业，是国际 ISP 技术俱乐部成员之一，是我国南方重要的铅锌冶炼和铅锌出口基地。

韶关冶炼厂拥有两套工艺相同的铅锌冶炼生产系统，第一套生产系统于 1966 年筹建，第二套生产系统于 1992 年年底筹建，截至 2022 年其总资产达 30 余亿元，生产能力为年产精铅锌 24 万吨，产品包括金属、合金、化工制品、碳化硅制品等四大系列近 30 种，主要有电铅、精锌、硫酸、电银、精镉、二氧化锗、汞、粗铜、氧化锌、锌粉、硫酸锌、铅锌系列合金等，注册商标为"南华"牌。产品通过了 ISO 9002 质量管理体系认证、ISO 10012 测量管理体系认证和安全环境管理体系认证（ISO 14001 和 GB/T-28001）。产品质量达到国际先进水平，主产品电铅、精锌、白银已在伦敦金属交易所注册，铅锭、镉锭获国家优质工程金质奖，锌锭获国家优质工程银质奖，产品畅销国内市场，远销欧美、东南亚等二十多个国家和地区，连续十多年被广东省工商部门评为"重合同、守信用"单位。

韶关冶炼厂以铅锌伴生矿为主要原料，通过去硫、烧结、浸出、电解等工序，生产主产品铅和锌。

请思考以下问题：

(1) 通过适当途径进一步了解铅锌冶炼工艺。

(2) 分析工艺流程与成本核算模式的关系。

(3) 设计一种适合韶关冶炼厂核算铅锌冶炼成本的方法，并说明理由。

第八章　内部控制制度设计

[知识目标]

1. 了解内部控制制度的含义和要素。
2. 明确企业内部控制制度设计的依据。
3. 了解企业内部控制制度设计的重点。

[能力目标]

1. 能根据目标企业的情况设计出与之相适应的常用内部控制制度。
2. 能简单诊断或评价目标企业内部控制制度的有效性。

导入案例

请认真阅读以下案例并思考三个问题：

1. 公立医院的内部控制有何特征？
2. 公立医院内部控制制度与企业内部控制制度有何异同？
3. 内部控制视角下公立医院的收支风险与对策有哪些？

A 医院支出控制制度

……

第二十三条　各项经费支出要符合国家有关财经法规制度规定，严格按照医院财务管理制度确认与核算经费支出。

第二十四条　医院经费支出严格执行申请、审批、审核、支付、重大支出决策及其责任追究等制度。审批人必须在授权范围内审批，严禁无审批支出。医院要建立健全支出凭证控制手续和核算控制制度，及时填制支出凭证，保证核算的及时性、真实性和完整性。

第二十五条　医院各支出业务部门和岗位的职责、权限要明确,确保支出的申请与审批、审批与执行、执行与审核、审核与支付等不相容职务相互分离,加强内部制约和监督,严格管理程序,明确审批权限,不得由同一部门或个人办理支出业务的全过程。

第二十六条　医院经费支出管理权限按职能划分,由职能部门负责本部门支出预算的编制、执行、控制和调整。

第二十七条　经费产生之前,必须先向主管职能部门申请,主管职能部门根据部门预算进行审核与控制,无经费预算、未事先申请、申请未获批准者不予办理费用报销。

第二十八条　支出业务经办部门在业务发生并取得合法凭证后,按规定程序办理经费结算业务。每张付款凭证上至少应有经办人、证明人、审批人签章。

第二十九条　原始凭证审核按《会计基础工作规范》执行,并重点审核以下内容:

一、原始凭证内容填写是否完整,不允许漏填、少填、不填。

二、原始凭证填写的经济业务与实际发生的业务内容是否相符、是否附有合同。

三、填写的经济业务内容与发票使用范围及开票单位的经营范围是否相符。

四、原始凭证是否使用过期作废发票或收据等。

五、原始凭证是否为财税部门统一监制的收据、发票,是否加盖开票单位的财务专用章或发票专用章。

六、原始凭证审批信息是否真实,对审批信息有疑问时必须找审批人核实。

七、原则上不得以原始凭证复印件充当原始凭证入账。

八、从外单位取得的税务发票如有遗失,应取得原开票单位盖有公章的证明(注明发票号码、经济业务内容、数量、单价、金额、开票日期、合同编号)以及加盖原开票单位印章的遗失发票记账联复印件等,并取得该发票价款的完税证明(加盖税务章),经医院会计人员查实该款项未曾支付、财务负责人审核、财务分管领导批准后可代作原始凭证按审批程序审批付款。

第三十条　根据及时性、配比性要求,原则上当月发生、当月取得、当月报销,业务经办人员有及时催收票据的义务。

第三十一条　为加强财务管理,规范公务借支行为,特制定如下规定:

一、一般公务支出原则上不予借支,以公务卡支付,公务卡的管理按《A医院公务卡管理实施细则》执行。特殊情况下,经财务部门审核及财务分管领导审批同意后可办理借支,借款一律通过公务卡转账,不提取现金。

二、职工因公出差、进修学习、学术会议借支,返院后15天内办理还款结算手续。借差旅费后未成行的,应在3天内还款。

三、采购周转金借款,采购接交时办理借款,采购移交时还款。

四、零星采购借款,一个月内办理还款结算手续。大宗大额物资采购借款,货物验收后一个月内办理还款结算手续。

五、基建、维修预付款,项目决算审计后一个月内办理还款结算手续。

六、职工不得因私借用公款。

七、医院不得向外单位和个人拆借资金。

八、每月清理往来账项,并通知借支人及时还款。借支人所在部门负责人必须督促借支人办理还款结算手续。对逾期不办理还款结算者,扣除其工资、奖金,并暂停为借支人所在部门办理下次借款。

第三十二条　重大经济事项是指重要经济合同或协议的签订、重大项目的安排及大额资金的使用。医院重大经济事项实行集体决策和责任追究制度,具体执行《A医院重大经济事项决策制度》。

第三十三条　医院支出控制执行《A医院支出控制制度》。

第一节　内部控制制度设计概述

一、内部控制制度的含义

拓展阅读

重点内容
视频讲解

内部控制制度是指企业、单位为了实现经营目标、保障资产安全完整、保证会计信息真实有效、确保各项经济活动有效运转而形成的内部自我调节和控制系统,主要包括企业内部控制制度、行政事业单位内部控制制度和小企业内部控制制度。

企业内部控制制度是由企业内部建立的,以确保各职能部门、各工作人员在经济业务的处理过程中相互联系、相互制衡,提高企业的经营管理水平和风险防范能力,促进企业可持续发展。

行政事业单位内部控制制度是单位为实现控制目标,通过制定制度、实施措施和执行程序,对经济活动的风险进行防范和管控,以进一步提高行政事业单位内部管理水平,规范内部控制,加强廉政风险防控机制建设。

小企业内部控制制度是指由小企业负责人及全体员工共同实施的、旨在实现控制目标的过程,用以合理保证小企业经营管理合法合规、资金资产安全完整和财务报告信息真实可靠。

二、内部控制制度的作用

内部控制制度并非单项的内部规章制度,而是内部控制的连续实施与制度化。有效的内部控制制度应具有以下作用:

(1) 保护财产的安全与完整。内部控制制度主要在于保护企业、单位的现金、存货以及固定资产等的安全与完整,防止舞弊或无意过失。

(2) 保证国家各项政策、法律法规、规章制度等落实到位。内部控制制度的灵魂是以一种制度保证另一种制度的执行,内部控制制度设计应严格遵循其他法律法规、规章制度。

(3) 确保各项业务活动按授权方式进行,实现经营效率。企业在设计内部控制制度时,应建立岗位责任制,明确职责分工,避免互相推诿。

(4) 保证会计及其他信息的真实有效。内部控制制度应具备预防和发现会计舞弊与会计差错的功能,防止会计信息失真。

(5) 为审计工作创造条件。内部控制制度的健全和有效程度,是注册会计师确定审计范围、重点和方法的重要依据。内部控制制度设计的成效直接影响审计的程序、范围、方法、时间和费用等。

(6) 减少和规避无意识风险,增加盈利。企业难以消除所有的经营风险,但是通过内部控制,可以有意识地减少和规避此类风险,避免不必要的损失。

三、内部控制制度的局限性

内部控制制度并不是万能的,再完善的内部控制也存在其固有局限性,主要原因表现为:

(1) 管理人员滥用授权。内部控制是企业、单位管理工作的重要组成部分,若管理人员决策失误,则内部控制也将失去控制功能。

(2) 内部员工串通作弊。实际工作中,不相容职务上的有关人员相互串通、勾结,就会失去不同职务相互制约的前提,内部控制也难以发挥作用。

(3) 执行人员素质欠缺,不适应岗位。如果企业内部行使控制职能的人员在心理上、技能上和行为方式上未能达到实施内部控制的基本要求,经常误解、误判控制程序和措施,那么再好的内部控制也难以发挥作用。

(4) 成本效益原则。成本效益原则要求一个内部控制程序的实施成本不得超过其预期收益。实务中,实施成本和预期收益的确定往往通过个人的主观判断,如果决策者判断失误或者成本本身高于收益,控制程序就会失效。

(5) 可能超出控制范围。内部控制一般针对经常性业务设置,有些异常活动可能超出控制范围。

第二节　企业内部控制制度设计

由于企业经济业务的处理涉及多环节、多部门,因此内部控制制度不仅仅是财会部门的制度,而是由各职能部门共同实施的制度。然而,财会部门负责企业所有的财务收支业务,是整个职能部门的中心,因此由财会部门安排并组织内部控制是最恰当的选择。

一、企业内部控制制度的基本要素

有效的内部控制制度应包含五项基本要素,具体如图 8-1 所示。

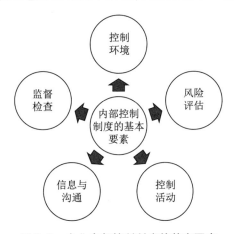

图 8-1　企业内部控制制度的基本要素

二、企业内部控制制度设计的原则

企业内部控制制度设计应遵循以下原则:

(1) 合法性原则。内部控制制度应依照相关法律法规进行设计,若法律法规之间存在冲突,则以高层次的法律法规为准,必要时可以咨询法律专家或专业人士。

(2) 全面性原则。内部控制制度应涵盖企业董事会、管理层和全体员工,覆盖企业各项经济管理活动,贯穿决策、执行、监督、反馈等各个环节,避免出现遗漏。

(3) 重要性原则。内部控制制度应在兼顾全面的基础上,针对重要经济活动、高风险领域采取更为严格的控制措施,避免出现重大缺陷。

(4) 有效性原则。重点注意以下方面:①内部控制制度具有可操作性;②执行责任落实到个人;③定期对内部控制的效果进行评估。

(5) 不相容职务相分离原则。企业机构、岗位的设置和权责分配应科学合理并符合内部控制的基本要求,确保不同部门、岗位之间权责分明,有利于相互制衡、互相监督。

(6) 适应性原则。内部控制应适应企业的经营规模、业务范围、业务特点、风险状况以及企业所处的环境等,并随着企业外部环境的变化、经营业务的调整和管理要求的提高等不断改进并完善。

(7) 成本效益原则。在确保内部控制有效的基础上,权衡成本与效益的关系,以合理的成本实现更为有效的控制。

三、企业内部控制制度设计的一般步骤及主要依据

(一) 企业内部控制制度设计的一般步骤

内部控制制度的设计并没有固定的步骤,需要设计人员在工作过程中不断地总结和完善。一般说来,设计人员在对拟设计单位进行调查分析后,参照财政部等颁布的标准进行设计。企业内部控制制度设计的一般步骤如下:

(1) 明确控制目标。控制目标是管理经济活动的基本要求,是评价内部控制的最高标准。企业在设计内部控制制度时,应根据经济活动的内容特点和管理要求提出内部控制目标,再据以选择相关内部控制要素,组成内部控制系统。

(2) 设计控制流程。控制流程是依次贯穿某项业务活动始终的基本控制步骤及相应环节,由若干控制点组成,通常与业务流程吻合。企业在设计内部控制制度时,必须从流程的理念出发,完善每一个环节,防止出现漏洞。

(3) 寻找控制点。控制点是指可能发生错弊而需要控制的业务环节。按照控制点发挥作用的程度可将其分为一般控制点和关键控制点。企业在设计内部控制制度时,应考虑成本效益原则,对关键控制点采用严密的控制程序,对一般控制点采用简化的控制程序。

(4) 设计控制措施。控制措施是指为预防和发现错弊而在控制点运用的控制技术与手段。由于不同业务内容与之匹配的控制措施不同,因此企业在设计内部控制制度时,必须根据控制目标和对象设计相应的控制技术与手段。

(二) 企业内部控制制度设计的主要依据

企业内部控制制度设计的主要依据包括:

(1) 2010年财政部会同证监会、审计署、银监会、保监会等联合发布的《企业内部控制配套指引》。

(2) 设计调查分析资料,包括内部控制制度上个周期的评价结果。

四、企业内部控制制度设计的范围

企业内部控制制度设计的范围取决于企业的规模、业务量、组织机构特征以及会计人员数量。通常情况下,对于规模小、业务量少、会计人员少的小型企业,其领导者基本能够掌握企业的财务情况,可以设计简单的内部控制制度;对于规模大、业务量多、会计人员多的大中型企业,则需要设计严密的内部控制制度。

在内部控制制度的具体设计中,由于企业的货币资金收支业务和商品购销业务的数量多且涉及的部门和人员多,大多与企业外部发生业务关系,因此企业应将其作为内部控制制度设计的重点。

企业内部控制制度设计的范围主要包括货币资金收支业务、采购业务、盘存业务以及销售业务。此外,对于筹资业务、对外投资业务、债权债务结算业务、成本费用业务、工程项目、信用担保等,也都需要建立内部控制制度。

接下来对企业部分业务的内部控制制度进行设计。

(一) 货币资金收支业务

企业的货币资金收支业务较为复杂,以制造企业货币资金收支业务为例,其业务流程如图 8-2 所示。

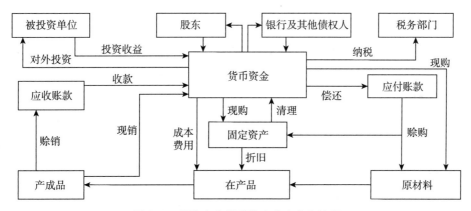

图 8-2 制造企业货币资金收支业务流程

1. 货币资金收支业务内部控制制度设计的要求

货币资金收支业务内部控制制度的设计应符合以下要求:

(1) 严格执行国家有关货币资金管理方面的法律法规。例如,企业必须严格执行财政部颁布的《内部会计控制规范——货币资金(试行)》等相关制度。

(2) 执行企业财务收支计划,组织货币资金收支,合理调度资金。企业财务收支计划对企业计划期内财务收支的前景进行描述、规划,是企业货币资金收支的依据。财会部门应根据企业实际情况合理地调度资金,尽量保持日常收支平衡。

(3) 控制货币资金的收支动态及结存情况,保证货币资金的安全与完整。通常情况下,企业经营决策容易受到资金实力的制约,尤其是货币资金。因此,企业在设计货币资金收支业务内部控制制度时,应随时提供货币资金收支动态及结存情况的资料。

2. 货币资金支付业务内部控制制度设计

一是货币资金支付业务内部控制程序设计。企业的货币资金支付业务较为频繁,其合理、合法与否主要取决于支付程序。货币资金支付业务内部控制程序的设计通常包括以下环节:

(1) 支付申请。企业有关部门或个人用款时,应提前向审批人提交货币资金支付申请,注明款项的用途、金额、预算、支付方式等内容,并附有经济合同或相关证明。

(2) 支付审批。审批人根据其职责、权限和相应程序对支付申请进行审批。对不符合规定的货币资金支付申请,审批人应拒绝批准。

(3) 支付复核。复核人应对批准后的货币资金支付申请进行复核,包括货币资金支付申请的批准范围、权限、程序是否正确,手续及相关单证是否齐全,金额计算是否准确、是否超出预算范围或标准,支付方式、支付单位是否妥当等。复核无误后,交由出纳办理支付手续。

(4) 办理支付。出纳应根据复核无误的支付申请,按规定办理货币资金支付手续,并及时登记现金日记账和银行存款日记账。

二是货币资金支付业务处理流程设计。不同的支付业务,其货币资金支付业务处理流程也不同,企业应根据实际支付业务情况进行设计。现介绍两种常见的货币资金支付业务处理流程。

(1) 零星费用报销流程。具体流程如下:①业务部门相关人员根据原始凭证编制报销凭证,经本部门主管审批后送交财会部门;②会计主管审核同意后,由出纳付款;③业务部门相关人员将报销凭证送交财会部门据此记账。

(2) 支票签发流程。具体流程如下:①业务部门将外单位收款通知或自制付款凭证经本部门主管审核后送交财会部门;②会计主管审核同意后,由出纳付款,出纳签发支票并登记支票登记簿;③出纳和会计人员根据支票回单登记相关账簿。

3. 货币资金收入业务内部控制制度设计

一是货币资金收入业务内部控制制度设计要点。货币资金收入业务内部控制制度设计的要点在于确保收入的合理性与合法性。对于所取得的货币资金收入,企业应及时入账。具体做法如下:①对收款日期、收款金额进行严格的控制,确保收入及时、完整收取,并及时送存银行;②所有的收款收据、发票等收款凭证必须连续编号,并制定严格、细致的资金领用和回收制度;③制定现金、支票、汇票等货币资金收入凭证的防伪检验制度。

二是货币资金收入业务处理流程设计。货币资金收入业务处理流程也要根据具体收入业务的特点进行设计。现介绍两种常见的货币资金收入业务处理流程,以便更好地了解该流程的特点。

(1)门市部收现流程。具体流程如下:①营业员开出一式三联的发票,与收取的货款送交收款员;②收款员收款并加盖戳记后,将第三联留下,其余两联送回营业员;③营业员将第一联随同商品交给客户,第二联暂存;④每天营业结束时,营业员根据第二联填写销售日报一式两份,并将第二联和销售日报送交财会部门进行销售核算;⑤收款员根据第三联和货款编制收款日报一式两份,并将第三联、收款日报、货款送交出纳;⑥财会部门核对销售日报和收款日报。

(2)出纳收现流程。具体流程如下:①业务部门开出一式两联的收款通知,经本部门主管审核后交至出纳;②出纳根据收款通知收取现金,编制收据一式三联,一联交客户,一联留存,另一联随同收款通知在登日记账后送交财会部门核对、记账。

4.现金与银行存款内部控制制度设计

(1)现金内部控制制度设计。现金内部控制制度设计的要点在于确定控制点并采取相应的控制措施,具体如表8-1所示。

表8-1 现金的内部控制

控制点	控制目标	控制措施
审批	保证现金收付真实、合法,并按照授权进行	授权办理现金收支业务;经办人员在现金收支原始凭证上签章,相关负责人审核该凭证并签章批准
审核	保证现金收付真实、合法、正确	会计主管审核原始凭证,审核无误后传递
收付	保证现金收付正确、及时、安全	出纳复核记账凭证,收付现金后加盖"收讫"或"付讫"戳记并盖章
复核	保证现金收付正确和会计核算真实	稽核人员审核现金收付记账凭证及所附原始凭证并盖章
记账	保证现金安全,收付正确和核算真实	出纳登记现金日记账,会计人员登记相关明细账、总账
核对	保证账账相符、会计核算真实	稽核人员核对现金日记账和相关明细账、总账;误差报经批准后予以处理
清点	保证账实相符,现金安全、正确	出纳每日盘点库存现金,登记现金结存表,并与日记账余额核对
清查	保证现金完整、正确,账实相符	清查小组盘点库存现金,核对现金日记账;编报现金盘点报告单

（2）银行存款内部控制制度设计。由于银行存款的收支业务由银行直接监控，可以起到外部控制的作用，客观上能够有效减少收支上的错弊。因此，银行存款内部控制制度设计可参照现金内部控制流程，重点关注以下内容：①开立银行存款账户必须具备正式的批准手续，有的需要经过董事会的批准。注销银行存款账户必须经过正式的批准，防止为个人牟取私利。②负责银行对账单调节和银行存款余额调节表编制的会计人员不得同时负责现金收支或编制收付款凭证业务，避免再次掩盖被银行揭露的不正当支出或应记但未记入企业收入的不正当行为。③负责银行往来账项调节的会计人员应直接从银行取得对账单，并就银行存款日记账同银行对账单进行核对调节。核对时，应注意银行对账单的日期和金额，并检查支票的签署和背书，同时要确保核对工作由第三者执行。④支票与印章管理。企业应加强对银行预留印章的管理。财务专用章应由专人保管，个人名章必须由本人或由其授权的人员保管，严禁一人保管支付款项所需的全部印章。对每一次使用印章的情况都做记录。印章必须与支票签发设备分开存放。特别要注意，保管人员因出差或节假日休息而需他人暂时保管印章时，必须做授权记录，以备查询。⑤银行开户管理。对于银行账户的开立、管理要严格按照《支付结算办法》执行，防止跨行开户、多头开户、随意开户，甚至公款私存等不法行为。同时，企业应定期检查、清理银行账户的开立和使用情况，及时处理存在的问题。

（二）采购业务内部控制制度设计

1. 采购业务内部控制制度设计要点

采购业务内部控制制度设计要点如表8-2所示。

表8-2 采购业务内部控制制度设计要点

要点	控制措施
请购	企业有关部门、人员应根据单位预算、实际需要等情况，及时向有关部门提出采购申请
审批	审批人根据规定的职责、权限和程序对采购申请进行审批。对不符合规定的采购申请，审批人应要求请购人员调整采购内容或拒绝审批
合同订立及采购实施	在对确定的供应商有清楚了解的前提下，企业应根据相关法规，与供应商签订正式的采购合同，并由有关部门负责合同的执行、监督以及合同文本的保管
验收	企业应建立健全验收制度并制定具体的验收规定，根据制度和规定验收所购物品或劳务并出具验收单或验货报告，实行验收与入库责任追究制度

（续表）

要点	控制措施
采购记录	企业应定期核对应付账款总账与明细账金额是否一致；查明是否存在已收货物但未记录采购的项目；按时进行验收报告与采购发票的核对；对有验收报告而无发票的采购项目，根据供应商的报价单暂估入账，并要求采购部门追交采购发票。企业应通过系统的设计，规定记录采购时必须输入对应的验收报告号
付款	企业采购部门必须审核采购申请表、经收货部门签收的验货报告以及由供应商出具的增值税发票的明细、数量、规格是否一致，并据此出具采购付款通知单交财会部门。财会部门审核其真实性、手续的完整性、计算的准确性

2. 采购业务处理流程设计

一般制造企业采购业务处理流程如图 8-3 所示。

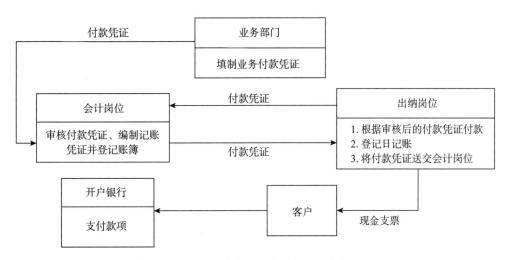

图 8-3 制造企业采购业务处理流程

为了更深入地了解该流程，下面介绍四种具体采购业务的处理流程设计。

（1）日常采购业务处理流程。具体流程如下：①供应部门根据生产计划部门的各种生产计划编制采购计划；②经供应部门主管审核批准后，与供应商签订采购合同；③将采购计划和采购合同送交财会部门，财会部门核对无误后据此编制财务收支计划。

（2）临时采购业务处理流程。具体流程如下：①供应部门根据请购单位的请购单编制临时采购计划；②经供应部门主管审核批准后，通知采购员进行采购；③将临时采购计划和请购单送交财会部门，财会部门核对无误后据此准备货款。

（3）材料验收付款业务处理流程。具体流程如下：①供货单位在材料发运后，将材料发票、运单和提货单经银行寄往购货单位；②购货单位财会部门收到寄来的单据，将其送交供应部门,供应部门审核合同后据此编制收货单,通知仓库准备收货,另将提货单交企业运输部门提货;③仓库验收后登记保管卡,并将签收的收货单送交供应部门;④供应部门对收货单和合同再次审核无误后,将供货单位的发票、代垫运单以及收货单一并送交财会部门;⑤财会部门对照合同副本审核无误后,授权出纳办理货款结算,出纳付款后在发票上加盖"付讫"及日期戳记,与订购单副本一并归档。

(4)退货与折让业务处理流程。具体流程如下:①由储存部门或用料部门填制请购单;②由采购部门填制订购单或其他契约;③由检验部门验收并编制验收报告;④储存部门对照验收报告收料入库,如有差异应报告给财会部门;⑤财会部门比较订购单、验收报告及卖方发票,核准后付款;⑥凭证送出纳处付款。

(三)盘存业务内部控制制度设计

1. 盘存业务内部控制制度设计要求

盘存业务内部控制制度的设计应符合以下要求:

(1)建立专人保管制度,即设置专门的仓库,由专人负责仓库的业务和记录。

(2)采用永续盘存制度。

(3)严格财产清查制度。对各种存货应进行定期或不定期的清查,使之经常化、规范化、制度化。

2. 盘存业务内部控制制度设计要点

盘存业务内部控制制度设计要点主要有:

(1)各种材料物资应妥善保管,按品种、规格定位堆放,并挂贴标签,以便账实核对。

(2)仓库保管人员应随时掌握和反映材料物资的最高、最低储备量,以保证生产的正常运转和避免材料物资的超储积压。

(3)仓库保管人员在有关人员的配合下,应对库存材料物资每月至少盘点一次,并与材料账卡的账面结余数核对,若发现盘盈、盘亏,则应及时查明原因,并填写盘存报告单上报有关部门,以便根据有关部门的处理意见进行账务处理。

(4)对易潮、易霉材料物资要经常检查仓库通风设备是否完好;对易挥发的材料物资要经常加盖密封;对易燃、易爆材料物资要加强防火;对贵重材料物资和稀有材料物资要特殊保管,经常查对。

(5)对各种材料物资的领发,必须按规定办理有关手续。仓库保管人员只有根据经批准的领料单、限额领料单和销货单等有关凭证,才能发料,领料人和发料人均应在领发料凭证上签字。如需超过限额领料,则领用部门应说明原因,并经生产技术部门和材料部门的领导审核同意,方能补发追加材料。

（6）企业内部任何人未经批准和办理规定手续，不得发出、变卖和赠送材料，或用一种材料交换另一种材料。

（7）对于委托外单位加工的材料，仓库保管人员应根据材料部门填写的"委托外单位加工发料通知单"发料，财会部门据以记账。仓库保管人员同时应在备查簿中予以登记，加工完成验收入库时再注销原记录。

（8）建立材料的稽核制度。仓库保管人员负责稽核所经手的材料账卡和实物数量是否相符；材料部门负责稽核材料账卡和实物数量是否相符；财会部门负责稽核材料的总账和明细账的金额是否相符，定期或不定期抽查材料部门的材料账卡和实物数量，看其是否相符。

3. 周转材料盘存业务内部控制制度设计

周转材料可以在领用后多次参与生产，且不改变其原有的实物状态。周转材料盘存业务内部控制制度设计的要点有：

（1）财会部门应设置周转材料在用明细账，便于控制使用部门的在用数，掌握周转材料的摊销与报废情况。

（2）使用部门对周转材料的控制，应把已摊销的周转材料也包括在内。已摊销的周转材料虽然在账面上已经注销，但在生产中仍发挥作用。

（3）对已摊销的周转材料应责成专人负责，严格领退和报废手续。

4. 产成品盘存业务内部控制制度设计

产成品盘存业务内部控制制度设计的要点有：

（1）生产车间加工完成的产品，经过质量检查部门检验合格并签字后，填制产成品入库单，连同产品交成品仓库验收，车间和成品仓库的经手人员要在入库单上签字。入库单一般一式三联，一联由仓库留存，一联退回车间，一联交财会部门。月末各方的合计数应按品名、规格、等级核对相符。

（2）对验收入库的产成品应妥善保管，尽量避免露天存放，以防生锈变质。对销货退回的产品，也应办理相应的验收入库手续。

（3）产成品销售时，严格按销售业务内部控制制度进行设计。

5. 半成品、在产品盘存业务内部控制制度设计

半成品是指经过一定的生产过程但尚未完工的产品，是保证生产过程连续不断进行的条件，包括自制半成品和外购半成品。半成品盘存业务内部控制制度设计的要点有：

（1）外购半成品的管理，视同材料处理，由材料部门负责。

（2）自制半成品若需送交半成品库，则其管理办法与产成品相似，入库时填入库单，领用时填领料单。

（3）不单独计算自制半成品成本的企业,也可直接将半成品由一个车间转至另一个车间,转移时应填写半成品转移单。

（4）委托外单位加工的自制半成品,发出和收回时的处理手续比照委托外单位加工的材料处理。

在产品的管理工作通常由其所在的车间负责,月末由生产部门及车间核算员参与清查盘点,财会部门应尽量派人参加。盘点完成后,生产部门及车间核算员应填写在产品盘存表,并标明在产品的名称及加工程度,便于在产品成本的核算。

（四）销售业务内部控制制度设计

1. 销售业务内部控制制度设计要点

销售业务内部控制制度设计的要点有:

（1）销售定价与赊销。①销售人员接受客户订单后,销售部门应对接受的订单进行登记;②销售部门应按照信用政策来决定是否赊销,特殊情况应提前向审批人提出申请;③对符合赊销条件的客户,应由审批人批准签字。

（2）合同订立及货物发运。①企业应建立业务的定价控制制度,制定价目表、折扣政策、付款政策并予以执行,价格领导小组执行特殊价格应有专人审批;②销售人员应根据授权与客户签订合同并将合同副本送交财会部门;③销售人员应根据合同编制一式多联的销售通知单;④仓库应根据经审批的销售通知单发货,发货时必须经过严格的检验,保管人员不得擅自对客户发货,更不得随意调换货物;⑤运输部门应核对销售通知单和发货凭证后运货,并确保货物运送的安全性和及时性,运送人员不得随意中途调换发运货物;⑥财会部门应在发货凭证、运货凭证、合同副本、销售发票核对无误后编制收款通知单,向客户收款;⑦企业应核对发货凭证、运货凭证及相关的销售发票,确保品名、规格、数量、价格一致;⑧企业应妥善保管销售通知单、发货凭证、运货凭证、销售发票等文件和凭证,尤其要加强对空白发票的管理,任何部门及个人不得擅自篡改、隐匿、销毁销售合同与销售发票等文件和凭证。

（3）销售记录。①企业应指派专人审查发票,主要查核销售数量是否符合经客户确认的发货通知单列示的数量,销售单价是否符合经审核的销售价目表,发票标示的折扣率是否符合经审批的折扣表,发票金额的加总计算是否正确等;②企业销售价目表的修改必须经授权人员审批,修改的项目必须详细记录;③企业给予客户的折扣率的修改必须经授权人员审批,修改的项目必须详细记录;④企业应按时核对发货通知单与发票,调查任何有发票而没有发货通知单或有发货通知单而没有发票的情况;⑤企业应定期对销售毛利率进行审核,若毛利率偏低,则应查核是否存在漏记销售的情况;⑥企业应定期审核应收账款总账与明细账,查明二者是否存在差异,若有则应查核原因;⑦企业应通过系统的设计,规定编制销售发票必须输入对应的发货通知单号码;⑧企业应定期查核当期销售发票金额的加总是否等于总账中销售项目内的贷方金额。

(4) 收款及有关票据的管理。①企业销售与收款职能应分开,销售人员应避免接触现款。②销售部门应设置销售台账,及时反映各种商品销售的开单、收款、发货情况;销售台账应附有客户订单、销售通知单、客户签收回执等相关客户购货单据。③企业的赊销必须坚持核准赊销、取得保证、限期回收货款的原则。④销售人员负责应收账款的催收,到期未收回货款的,财会部门必须提出报告,督促销售部门加紧催收。⑤企业对长期往来客户应建立起完善的客户资料,应有一套明确的客户信用评级方法和客户信用授信表;而客户资料应实行动态管理,时常更新。⑥企业应按客户名称设置应收账款台账,及时登记每一客户应收账款余额增减变动情况和信用额度使用情况,每年至少一次向欠款客户寄发对账单。⑦企业应建立应收账款账龄分析制度和逾期应收账款催收制度,对催收无效的逾期应收账款应及时启动法律保全程序。⑧企业对挂账时间长的应收账款应报告管理部门,由其进行审查,确定是否确认为坏账。⑨发生的各项坏账,应查明责任并履行规定的审批程序后做出会计处理;注销的坏账应记录于备查簿,做到账销案存;已注销的坏账又收回时要及时入账,严禁形成账外款。⑩应收票据的接受、贴现和换新必须经保管票据以外的主管人员的书面批准并定期向出票人函证,已贴现票据要在备查簿中登记,以便日后追踪管理。⑪企业应设专人保管票据,并制定逾期票据的冲销管理程序和逾期票据的追踪监控制度。

(5) 销货退回与折让。①企业必须制定销货退回制度和折让政策。②企业的销货退回与折让必须经销售主管审批后方可执行。③销货退回的货物应由质检部门验收和仓库部门清点方可入库,质检部门验收客户退回的货物应出具验收报告,仓库部门应在清点、检验和注明退回货物的品种与数量之后填制退货接收报告。④销售人员应根据验收报告和退货接收报告填制一式多联的红字发票;红字发票必须经过会计主管核准,会计人员方可据此修正营业收入和应收款项的余额。

(6) 加强对前述控制要点的监督检查。企业应建立和健全对销售业务的监督检查制度,明确监督检查机构或人员的职责权限,定期和不定期地进行检查。检查内容主要包括:①销售业务相关岗位及人员的设置情况,重点检查是否存在销售业务不相容职务混岗现象;②销售业务授权批准制度的执行情况,重点检查合同的授权批准手续是否健全,是否存在越权审批行为;③销售的管理情况,重点检查信用政策、价格政策的执行是否符合规定的程序;④收款的管理情况,重点检查企业应收款项的管理控制情况;⑤销售退回与折让的管理情况,重点检查销售退回制度和折让政策的执行情况,以及退回货物的入库手续是否健全。对监督检查过程中发现的销售业务内部控制中的薄弱环节,企业应及时采取措施,加以纠正和完善。

2. 赊销业务内部控制制度设计

赊销业务涉及的部门较多,销售活动与货款结算的时间不一致,因此发生错弊的可能性较大。赊销业务内部控制是一个较复杂的问题,必须结合本企业的具体特点,合理规定各部门之间的制约关系,加强销售业务各环节的衔接,确保赊销业务的有效控制。通常,赊销业务的具体控制程序和方法如下:

(1) 采用订货制度。赊销业务最好采用签订订货单或合同的方式。因为订货单是销售部门接受或填制的,而订货单的执行通常由生产部门和仓库负责完成。订货单或合同签订后列入销售计划,然后转到生产部门和仓库,由其根据订货单和合同安排生产、选货、包装、再发货或提货。因此,订货单或合同是发货的命令,如果仓库没有接到订货单,就不得随意处理库存商品。

(2) 建立赊销审批制度。赊销要得到财会部门负责人的批准,未经批准,销售部门不得强迫仓库发货,以防止不了解客户信用情况而发生损失。

(3) 及时登记销售明细账和应收账款明细账。在仓库发货后,财会部门应对销售通知单、订货单进行审核,无误后据以登记明细账,以充分发挥账簿的控制作用。

(4) 定期与购货方核对账目,及时回收货款。核对中发现问题应及时查明原因,并做出处理,确保购销双方往来账目相符。

第三节 行政事业单位内部控制制度设计

在我国,行政事业单位承担着重要的经济、政治、社会使命,其有效运营对国民经济、社会的发展至关重要,甚至会影响到社会稳定。行政事业单位内部控制是指行政事业单位为实现控制目标,通过制定制度、实施措施和执行程序,对经济活动的风险进行防范和管控。

行政事业单位内部控制执行是指行政事业单位按照所建立的内部控制基础(即规章制度、运行机制、控制流程等),以信息系统为支撑开展业务活动的过程。

一、行政事业单位内部控制的目标

行政事业单位内部控制的目标包括:①合理保证单位经济活动合法合规;②合理保证资产安全和使用有效;③合理保证财务信息真实完整;④有效防范舞弊和预防腐败;⑤提高公共服务的效率和效果。

二、行政事业单位内部控制的方法

行政事业单位内部控制的方法具体包括：

（1）不相容职务相互分离。合理设置内部控制关键岗位，明确划分职责权限，实施相应的分离措施，形成相互制约、相互监督的工作机制。

（2）内部授权审批控制。明确各岗位办理业务和事项的权限范围、审批程序和相关责任，建立重大事项集体决策和会签制度。相关工作人员应在授权范围内行使职权、办理业务。

（3）归口管理。根据本单位实际情况，按照权责对等的原则，采取成立联合小组并确定牵头部门或牵头人员等方式，对有关经济活动实行统一管理。

（4）预算控制。强化对经济活动的预算约束，使预算管理贯穿单位经济活动的全过程。

（5）资产保护控制。建立资产日常管理制度和定期清查机制，采取资产记录、实物保管、定期盘点、账实核对等措施，确保资产安全与完整。

（6）会计控制。建立健全本单位财务管理制度，加强会计机构建设，提高会计人员业务水平，强化会计人员岗位责任制，规范会计基础工作，加强会计档案管理，明确会计凭证、会计账簿和会计报表处理程序。

（7）单据控制。根据国家有关规定和单位的经济活动业务流程，在内部管理制度中明确界定各项经济活动所涉及的表单和票据，要求相关工作人员按照规定填制、审核、归档、保管单据。

（8）信息内部公开。建立健全经济活动相关信息内部公开制度，根据国家有关规定和单位的实际情况，确定信息内部公开的内容、范围、方式和程序。

三、收支业务控制

（一）收支业务控制的要求

收支业务控制的要求包括：

（1）合理设置岗位，明确相关岗位的职责权限，确保收款、会计核算等不相容职务相互分离。

（2）建立健全票据管理制度。

（3）建立健全支出内部管理制度，确定单位经济活动的各项支出标准，明确支出报销流程，按照规定办理支出事项。

（4）按照支出业务的类型，明确内部审批、审核、支付、核算和归档等支出各关键岗位的职责权限,确保支出申请和内部审批、付款审批和付款执行、业务经办和会计核算等不相容职务相互分离。实行国库集中支付的,应严格按照财政国库管理制度的有关规定执行。

(二)收支业务控制流程

1. 收入业务控制流程

行政事业单位收入业务控制流程如下:

(1)业务部门提出资金需求,报部门负责人审批,审批通过后,财会部门对单位用款计划进行汇总,经财会部门负责人及分管领导审批同意后上报用款计划。

(2)财会部门取得国库支付中心的到账通知等单据核对记账。

(3)财会部门编制当月收入情况表并形成收入分析报告,报部门负责人进而报至分管领导审核。

2. 支出业务控制流程

行政事业单位支出业务控制流程如下:

(1)业务部门提出支出申请并填写相关单据,报部门负责人审批。

(2)财会部门对业务部门负责人审批同意后的支出申请进行审核,审核同意后上报分管领导,"三重一大"等重大经济事项须在局长办公会上审核。

(3)局长办公会审核"三重一大"等重大经济事项。

(4)财会部门对审批后的单据进行复审、付款、记账。

(5)财会部门对支出情况进行统计分析,形成分析报告后报部门负责人进而报至分管领导、局长办公会审批,确定支出情况报告。

四、政府采购业务控制

(一)政府采购业务控制的要求

政府采购业务控制的要求包括:

(1)建立健全政府采购预算与计划管理、政府采购活动管理、政府采购验收管理等政府采购内部管理制度。明确相关岗位的职责权限,确保政府采购需求制定与内部审批、招标文件准备与复核、合同签订与验收、验收与保管等不相容职务相互分离。

(2)建立预算编制、政府采购和资产管理等部门或岗位之间的沟通协调机制。根据本单位实际需求和相关标准编制政府采购预算,按照已批复的预算安排政府采购计划。

(3)对政府采购活动实施归口管理,在政府采购活动中建立政府采购、资产管理、财会、内部审计、纪检监察等部门或岗位相互协调、相互制约的机制。

（4）按照规定选择政府采购方式、发布政府采购信息。对政府采购进口产品、变更政府采购方式等事项应加强内部审核,严格履行审批手续。

（5）根据规定的验收制度和政府采购文件,由指定部门或专人对所购物品的品种、规格、数量、质量和其他相关内容进行验收,并出具验收证明。

（6）指定牵头部门负责、相关部门参加,按照国家有关规定做好政府采购业务质疑投诉答复工作。

（7）妥善保管政府采购预算与计划、各类批复文件、招标文件、投标文件、评标文件、合同文本、验收证明等政府采购业务相关资料。定期对政府采购业务信息进行分类统计,并在内部进行通报。

（8）对于涉密政府采购项目,单位应与相关供应商或采购中介机构签订保密协议,或者在合同中设定保密条款。

（二）政府采购业务控制流程

1. 政府采购预算与计划控制流程

政府采购预算与计划控制流程如下：

（1）业务部门按我国《会计法》《预算法》等相关法律法规,根据单位实际情况编制部门采购预算,经部门负责人同意后,财会部门汇总本单位的采购预算并确定采购方式,上报至财会部门负责人审核。

（2）经财会部门负责人审核同意后,将单位政府采购预算依次报分管领导审核、局长办公会审核。

（3）财会部门按要求编制采购计划,经财会部门负责人、分管领导、局长办公会依次审批同意后,制订单位年度采购计划。

（4）分管领导、局长办公会对单位年度采购计划进行审核,最终形成采购项目批准文件。

2. 政府采购活动控制流程

政府采购活动控制流程如下：

（1）业务部门根据预算提出招标启动申请。

（2）财会部门根据预算及业务部门的招标启动申请,会同招标代理机构、业务部门等召开需求协调会。

（3）招标代理机构依据需求起草、编制招标文件。

（4）政府采购领导小组、分管领导对招标代理机构编制的招标文件进行审核。

（5）经同意后,业务部门按要求组织相关专家、招标代理机构等执行招标工作,纪检部门、财会部门对招标过程进行监督。

（6）分管领导根据中标结果签署合同。

（7）招标代理机构报送招投标文件、评标结果以及代理协议等。

（8）业务部门根据招标文件起草合同，报政府采购领导小组、分管领导审批同意后执行合同事项。

（9）分管领导签署采购合同。

（10）财会部门对政府采购过程中的招投标资料进行归档。

3. 政府采购验收及资金支付控制流程

政府采购验收及资金支付控制流程如下：

（1）归口业务部门组织履约，为合同方履约提供必要准备。

（2）财会部门组织相关部门、人员成立验收小组进行验收。

（3）验收小组对照合同条款及标准进行验收并填写验收单，若合同有违约情况，则及时汇报处理，经验收小组组长审批通过后编制验收报告。

（4）分管领导对验收报告进行审批。

（5）财会部门依照合同及验收报告及时予以资金支付。

五、资产控制

（一）资产控制的要求

资产控制的要求包括：

（1）对资产实行分类管理，建立健全资产内部管理制度。合理设置岗位，明确相关岗位的职责权限，确保资产安全和有效使用。

（2）建立健全货币资金管理岗位责任制。

（3）加强货币资金的核查控制。

（4）加强对实物资产和无形资产的管理，明确相关部门和岗位的职责权限，强化对配置、使用和处置等关键环节的管控。

（5）建立资产信息管理系统，做好资产的统计、报告、分析工作，实现对资产的动态管理。

（二）资产控制流程

1. 货币资金支付业务控制流程

货币资金支付业务控制流程如下：

（1）业务部门填写货币资金支付申请单，业务部门负责人对货币资金支付申请单进行审核,确保支付内容真实、合理。

(2)单位对货币资金支付实行分级授权审批,财会部门对业务部门的支付程序、手续、资料进行审核,审核通过后交由财会部门负责人审核,财会部门负责人审核通过后进行付款,超过权限的资金则须上报分管领导进行审核。

(3)业务部门在收到款项后按规定使用资金并提供单据,财会部门根据单据进行记账,并根据银行对账单编制银行存款余额调节表。

2. 实物资产管理业务流程

实物资产管理业务流程如下:

(1)业务部门申请购置实物资产并填写请购计划,提交至部门负责人审核,部门负责人审核同意后分别报至财会部门及资产管理部门审核。

(2)财会部门对采购预算进行审核后报分管领导审批,分管领导审批同意后汇总编制单位采购预算。

(3)业务部门执行实物资产的采购工作。

(4)资产管理部门根据采购计划及采购预算,对资产进行验收入库、登记台账。

(5)财会部门按合同进行付款;业务部门填写实物资产领用申请,经部门负责人同意后报资产管理部门,资产管理部门办理资产领用手续,交付实物资产并填写资产领用登记簿。

(6)财会部门根据资产领用登记簿进行核算。

第四节 小企业内部控制制度设计

一、小企业内部控制制度设计的原则

小企业内部控制制度设计应遵循以下原则:

(1)风险导向原则。小企业内部控制应以风险为出发点,重点关注会对企业自身内部控制目标的实现造成重大影响的高风险领域。

(2)适应性原则。小企业内部控制制度应与企业发展阶段、经营规模、管理水平等相适应,并随着情况的变化及时调整。

(3)实质重于形式原则。小企业内部控制制度应注重实际效果,而不局限于特定的表现形式和实现手段。

(4)成本效益原则。小企业内部控制制度应权衡实施成本与预期效益,以合理的成本实现有效控制。

二、小企业内部控制制度设计的要求

小企业内部控制制度设计应满足以下要求：

（1）控制环境。树立依法经营、诚实守信的意识，制定并实施长远发展目标和战略规划，为内部控制的持续有效运行提供良好的环境。

（2）风险评估。及时识别、评估与实现控制目标相关的内外部风险，并合理确定风险应对策略。

（3）控制活动。根据风险评估结果，开展相应的控制活动，将风险控制在可承受范围之内。

（4）信息与沟通。及时准确地收集、传递与内部控制相关的信息，并确保其在企业内部、企业与外部之间的有效沟通。

（5）监督。监督、检查内部控制的建立与实施情况，识别内部控制存在的问题并及时督促改进。

三、小企业内部控制制度的具体设计

小企业常见的内部控制措施有以下几个：

1. 不相容职务相分离

小企业应根据国家有关法律法规的要求及自身实际情况，合理设置不相容职务，确保不相容职务由不同的人员担任，并合理划分业务和事项的申请、内部审核审批、业务执行、信息记录、内部监督等方面的责任。出于资源限制等原因无法实现不相容职务相分离的，小企业应采取抽查交易文档、定期盘点资产等替代性控制措施。

货币资金业务的不相容职务应至少包括以下几个：

（1）货币资金支付的审批与执行。

（2）货币资金的保管与盘点清查。

（3）货币资金的会计记录与审计监督。

（4）出纳不得兼任稽核、会计档案保管以及收入、支出、费用、债权、债务账簿的登记工作。

存货业务的不相容职务应至少包括以下几个：

（1）存货的请购与审批、审批与执行。

（2）存货的采购与验收、付款。

（3）存货的保管与相关会计记录。

（4）存货发出的申请与审批、申请与会计记录。

（5）存货处置的申请与审批、申请与会计记录。

采购与付款业务的不相容职务应至少包括以下几个：

（1）请购与审批。

（2）询价与确定供应商。

（3）采购合同的订立与审核。

（4）采购、验收与会计记录。

（5）付款与申请、审批和执行。

2. 内部授权审批控制

小企业根据常规授权和特别授权的规定，明确各部门、各岗位办理业务和事项的权限范围、审批程序及相关责任。

常规授权是指小企业在日常经营管理活动中按照既定的职责和程序进行的授权。特别授权是指小企业在特殊情况、特定条件下进行的授权。小企业应当严格控制特别授权。注意，小企业各级管理人员应在授权范围内行使职权、办理业务。

3. 会计控制

会计控制的注意事项如下：

（1）严格执行国家统一的会计制度，加强会计基础工作，明确会计凭证、会计账簿和会计报表的处理程序，加强会计档案管理，保证会计资料真实完整。

（2）根据会计业务的需要设置会计机构，或者在有关机构中设置会计人员并指定会计主管人员，或者委托经批准设立从事会计代理记账业务的中介机构代理记账。

（3）选择使用符合《会计法》、国家统一的会计制度规定的会计信息系统。

4. 单据控制

小企业应明确各项业务和事项所涉及的表单及票据，并按规定对各种表单及票据进行填制、审核、归档和保管。

单据控制的注意事项如下：

（1）单据必须具备法律效力，包括来源渠道合法、所反映的经济业务符合法律规定。

（2）单据必须以真实发生的交易或事项为依据，不得伪造、变造。

（3）控制过程应贯穿于业务活动的决策、执行、监督的全过程。

（4）单据必须与具体业务相关，多张单据必须相互支撑或能够证明彼此的合规、合理。

（5）付款与申请、审批和执行不相容职务相分离。

▶▶ 复习题

1. 简述内部控制制度的基本要素。

2. 简述内部控制的基本方式。

3. 简述内部控制制度设计的一般步骤。

4. 试述内部控制制度设计的范围。

5. 试述货币资金收支业务内部控制制度设计的要求。

6. 采购业务内部控制制度设计的目标是什么？

7. 简述材料物资盘存业务内部控制制度设计的要点。

8. 简述销售业务内部控制制度设计的要点。

9. 简述企业内部控制、行政事业单位内部控制及小企业内部控制的异同点。

➤ 思考设计题

1. 企业内部控制制度设计的主要依据是什么？其具体内容有哪些？对企业内部控制制度的设计有何影响？

2. ZX 会计师事务所在对 D 公司进行审计时发现，D 公司的货币资金收支业务存在以下问题：

（1）出纳并未对库存现金经常进行不定期的盘点工作。

（2）在检查支票登记簿时发现，公司领用的票据编号不连续，存在领用支票却不登记的情况。

（3）在检查现金和银行存款支付情况时发现，公司相同的业务出现了财务经理和业务经理的签字，职责划分不够清晰。

请根据本章知识，指出 D 公司货币资金收支业务内部控制制度存在的问题，并提出改进措施。

3. 请指出 HC 公司销售业务内部控制制度的优点和存在的问题。

HC 公司销售业务内部控制制度

销售部门的业务人员在了解客户的基本情况后，确定交易的初步意向并填写客户资料表。该表交由信用管理部门派驻的信用管理师对客户的经营能力、资信状况进行评价和审核，并出具授信建议。经销售部门经理核准与客户的交易方式以及给予客户的信用额度后，签订销售合同。销售部门业务助理将客户资料输入电脑系统存档。

若是现销客户，当收到客户订货单及缴款时，销售部门业务人员将客户之缴款填写缴款单送交财会部门出纳。出纳在收款后，将缴款单的一联送交财会部门负责应收款的会计人员进行电脑系统缴款确认。若是赊销客户，销售部门业务人员须将已获核准的授信责任书送交财会部门负责应收款的会计人员进行电脑系统的授信额度确认，同时将客户的订货单一联及相应的销售合同一份转交营业管理部门。

营业管理部门的人员将电脑系统中制作的销售通知单送交储运部门(营业管理部门、储运部门工作由一人领导)。储运部门依据销售通知单标明的品种、数量进行备货并生成一式四联的送货单送交财会部门。财会部门核对价格、收款金额无误后签字并在电脑系统中确认生成销售清单,据此填制销售发票并予以记账。财会部门将销售发票及三联送货单送交储运部门。储运部门留存一联,其余两联送货单及销售发票连同货物送交客户。客户签收后将送货单留存一联,另一联送货单由储运部门返回财会部门作为确认销售收入或应收账款之依据。

4.下表是企业内部控制评价的二级指标体系之一,研究其基本要求,指出企业内部控制评价对内部控制制度设计的影响。

与控制环境相关的控制分值设计表

描述与控制环境相关的控制	基本要求	设计分数	打分	备注
1. 企业文化现状	企业文化的地位与作用;企业价值观;员工行为规范;企业环境;企业形象;企业文化传播;企业人力资源评估;企业无形资产状况;企业文化氛围;企业社区文化;企业家庭与生活文化	30		企业文化指引
2. 能力胜任	清晰的岗位界定和描述;胜任能力标准,如问题的分析和判断能力;处理问题的执行能力;人岗匹配评价、控制	10		企业文化和人力资源指引
3. 社会责任	安全生产、产品质量、环境保护、资源节约、促进就业、员工权益保护等	10		社会责任指引
4. 管理层理念和经营风格	管理类型,如人本管理状况(如尊重员工,满足需求等);与企业是否适应;已形成经营风格的适用性	10		企业文化和组织架构指引
5. 管理结构	职责权限、任职条件、议事规则和工作程序;企业治理结构、内部机构设置和运行机制等;治理层的参与度	20		组织架构指引
6. 发展战略	设立战略委员会;制定发展目标;全局性、长期性和可行性等维度;分解、落实,确保发展战略有效实施;战略实施后评估制度	10		发展战略指引
7. 人力资源	人力资源政策与程序;需求分析;招募管理;开发与培训;绩效评价;薪酬研究;内部人员关系等	10		人力资源指引
总分		100		

第九章　会计工作组织设计

[知识目标]

1. 了解会计工作组织设计的内容。

2. 明确会计工作组织设计的原则。

3. 熟悉会计工作规范和会计档案保管设计的内容。

[能力目标]

1. 能举例说明总会计师、财务总监和财务机构负责人的职责异同。

2. 能按目标企业的具体情况设计会计机构。

3. 能掌握目标企业配备会计人员的技能。

导入案例

请认真阅读以下案例并思考三个问题：

1. 小企业是否有必要设置会计机构并配备会计人员？为什么？

2. 如何理解代理记账？其有何优缺点？

3. 会计人员的多少与岗位职责有何关联？哪些岗位不得兼任？

G 市 GL 家居用品有限公司会计制度

总　　则

1. 依据《中华人民共和国会计法》《企业会计准则》制定本制度。

2. 为规范公司日常财务行为，发挥财务在公司经营管理和提高经济效益中的作用，便于公司各部门及员工对公司财务部工作进行有效的监督，同时进一步完善公司财务管理制度，维护公司及员工相关的合法权益，制定本制度。

财务管理细则

一、总原则

1. 公司财务实行以"计划"为特征的总经理负责制:属已经总经理审批的计划内的支付,有相关事业部总经理的书面授权,财务负责人监核即可办理;属计划外的,必须有公司总经理的书面授权。

2. 严格执行《中华人民共和国会计法》和相关的会计制度,接受财政、税务、审计等部门的检查、监督,保证会计资料合法、真实、及时、准确、完整。

二、财务工作岗位职责

(一)财务经理职责

1. 对岗位设置、人员配备、核算程序等提出方案,同时负责选拔、培训和考核财务人员。

2. 贯彻国家财税政策、法规,并结合公司具体情况建立规范的财务模式,指导建立健全相关会计核算制度,同时负责对公司内部财务管理制度执行情况进行检查和考核。

3. 进行成本费用预测、计划、控制、核算、分析和考核,监督各部门降低消耗、节约费用、提高经济效益。

4. 其他相关工作。

(二)财务主管职责

1. 管理公司的日常财务工作。

2. 对本部门内部的岗位设置、人员配备、选调聘用、晋升辞退等提出方案和意见。

3. 负责对本部门财务人员的管理、教育、培训和考核。

4. 负责公司会计核算和财务管理制度的制定,推行会计电算化管理模式等。

5. 严格执行国家财经法规和公司各项制度,加强财务管理。

6. 参与公司各项资本经营活动的预测、计划、核算、分析决策和管理,做好对本部门工作的指导、监督和检查。

7. 组织指导编制财务收支计划、财务预算,并监督贯彻执行;协助财务经理对成本费用进行控制、核算、分析和考核。

8. 监管财务历史资料、文件、凭证、报表的整理、收集和立卷归档工作,并按规定手续报请销毁。

9. 参与价格及工资、奖金、福利政策的制定。

10. 完成领导交办的其他工作。

(三) 会计职责

1. 按照国家会计制度的规定记账、算账、报账,做到手续齐备、数字准确、账目清楚、处理及时。

2. 负责发票的开具和审核,各项业务款项发生、回收的监督,业务报表的整理、审核、汇总,业务合同执行情况的监督、保管及统计报表的填报。

3. 负责会计业务的核算,财务管理制度的监督,会计档案的保存和管理。

4. 完成部门主管或相关领导交办的其他工作。

(四) 出纳职责

1. 建立健全现金收付各种账册,严格审核现金收付凭证。

2. 严格执行现金管理制度,不得坐支现金,不得白条抵库。

3. 对每天发生的银行存款和现金收付业务做到日清月结,及时核对,保证账实相符。

三、现金管理制度

1. 所有现金收付由公司出纳负责。

2. 建立健全现金日记账,出纳应根据审核无误的收付凭证逐笔顺序登记现金日记账,并每天结出余额核对库存,做到日清月结、账实相符。

3. 库存现金超过3 000元时必须存入银行。

4. 出纳收取现金时,须立即开具一式四联的收款收据,由缴款人在右下角签名后,交缴款人、缴款部门、出纳、会计各留存一联。

5. 任何现金支出必须按相关程序报批(详见支出审批制度)。因出差或出于其他原因必须预支现金的,须填写借款单,经总经理签字批准方可支出现金。借款人要在出差回来或借款后三天内向出纳还款或报销(详见差旅费报销规定)。

6. 现金收付凭证办理完毕后,出纳须在审核无误的现金收付凭证上签章,并在原始单据上加盖现金收讫、付讫章,防止重复报销。

四、支票管理制度

1. 支票的购买、填写和保存由出纳负责。

2. 建立健全银行存款日记账,出纳应根据审核无误的收付凭证,逐笔顺序登记银行存款日记账,并每天结出余额。

3. 出纳收取支票时,须立即开具一式四联的《支票回收登记表》,由缴款人在右下角签名后,交缴款人、缴款部门、出纳、会计各留存一联。

4. 支票的使用必须填写"支票领用单",由经办人、部门经理、财务主管(经理)、总经理(计划外部分)签字后出纳方可开出。

5. 所开支票签发日期、金额及收款人名称不得更改。

6. 所开支票必须由收取支票方在支票头上签收或盖章。

五、印鉴的保管

1. 银行印鉴必须分人保管。

2. 财务专用章和总经理印鉴分别由财务经理和出纳负责保管。

六、现金、银行存款的盘查

1. 出纳在每周完成出纳工作后,应根据库存现金、银行存款的上存、收入、支出、结存情况,编制"出纳报告表",会计或总经理指定人员于每周五下午及每月终了对由出纳保管的库存现金进行定期对账盘查,其他时间进行抽查。

2. 出纳应将银行存款日记账的账面余额与开户银行转来的对账单的余额进行核对,对未达账项应由会计编制"银行存款余额调节表"进行检查核对。

3. 其他依据相关会计制度及法规执行。

资料来源:节选自广州市馨桂岚家居用品有限公司财务会计制度[EB/OL].(2021-09-09)[2023-08-03].https://ishare.iask.sina.com.cn/f/1MH9C8gRR3p.html(访问时间:2023年4月20日)。

第一节　会计机构设计

会计机构是指单位内部设置的会计机构以及专门办理会计事项的机构。会计工作的主要承担者是会计机构和会计人员。《会计法》第三十六条规定:各单位应当根据会计业务的需要,设置会计机构,或者在有关机构中设置会计人员并指定会计主管人员;不具备设置条件的,应当委托经批准设立从事会计代理记账业务的中介机构代理记账。

拓展阅读

一、会计机构设计的原则

会计机构的设计是会计制度在组织上的落实,涉及会计部门和会计人员的内部分工。不同企业的管理情况存在差异,其会计机构设计也千差万别。下面仅就会计机构设计提出一些共同性的原则。

(1) 与单位业务类型和规模相适应。如果经营过程复杂、业务量大,会计机构就要相应地大些,内部分工也要细些;如果经营过程比较简单、业务量很小,会计机构就可以小些,内部分工也可以粗些。

(2) 有利于提高工作效率。会计机构是为做好会计工作和管理工作服务的,因此一定要根据工作的实际需要和精简原则合理设计,防止机构重叠、人浮于事,避免人力、物力的浪费和滋长官僚主义。

（3）内部分工明确具体。各个部门和工作人员应有明确的职权、责任和具体的工作内容,落实岗位责任制。同时,在内部分工中,应贯彻内部控制制度,做到在工作中相互制约、相互监督,防止工作中的失误和弊端。

二、会计机构和财务机构的分设与合设

理论上,会计与财务是相互独立的。在实际工作中,一部分企业既设置了会计机构,又设置了财务机构;另一部分企业将会计机构与财务机构合并,仅设置一个机构。机构的分设、合设通常不影响二者的关系,因为在一个机构中,也可以对它们做出明确的分工。然而,企业在设计会计制度时,必须明确二者的关系,并根据各自的职能进行相应的设计,才有利于做好各自的工作。目前,我国大部分企业仅设置一个机构。

由表9-1可见,会计与财务的职责内容有所差异,二者不能相互替代,是相互制约、相互促进的关系。大中型企业应分设会计机构与财务机构,即使是合设,也应对其内部组织或分工加以区分;小型企业的会计、财务工作量较少,可以合设。

表9-1　会计与财务的区别

机构	职责
会计	会计应以货币计量的形式,对因经济活动而产生的资金运动进行事前、事中、事后核算与监督,确保能够充分发挥会计对经济活动的管理作用。除此之外,会计还应参与预测、决策,制订各项经济、业务计划,对财务计划(或预算)的执行情况进行考核与分析等。综上,会计要进行多项管理工作,不仅仅是简单的记账、算账和报账工作
财务	财务的职责主要在于筹集和使用资金,参与预测、决策,负责编制财务计划(或预算)并组织实施;对企业实现的利润进行分配,并办理日常的货币收支业务等

三、会计机构设置的要求

会计机构设置应遵循以下要求：

（1）设置会计机构应以会计业务需要为基本前提。是否单独设置会计机构,由各单位根据自身会计业务的需要自主决定。

（2）未设置会计机构的应配备会计人员。不具备单独设置会计机构条件的单位,应在有关机构中配备专职会计人员。

（3）实行代理记账是途径之一。未设置会计机构和配备会计人员的单位,应委托会计师事务所或者持有代理记账许可证书的其他代理记账机构进行代理记账。

四、会计机构的内部组织设计

实行总会计师或财务总监制度的大中型企业通常有较多的财务、会计人员,他们在总会计师或财务总监的监督及财会科长的领导下分工协作,形成一个以总会计师或财务总监为首、以财会科长为主管、包含许多小组的财务会计组织体系。

企业在设计会计机构的内部组织时,应考虑企业管理对会计信息要求的详细程度和各类经济业务工作量的大小。大型企业的会计部门可以设计七个小组,各组的职责设计具体如表9-2所示。

表9-2 会计部门的分组及其职责

分组	职责
采购和应付款组	负责监督和记录采购业务,核查全部的采购原始凭证是否经过采购部门和会计主管的审批。核算采购成本,登记应付账款明细账。依据经审核的发票填制付款单,由财务机构负责人签署后支付。采购明细账和应付账款明细账应由两人分别掌管
销售和应收款组	负责监督和记录销售业务;审核销售部门签订的合同,按编号顺序登记,同时负责登记外单位因销货而发生的欠款,包括应收账款和发出商品的记录。这部分明细账应每日过账,至少每周为会计部门提供一次,以确保会计部门随时掌握外单位欠款和还款情况。销售和应收款组还应及时提供按品种或地区、部门的销售分析报告,以确保销售部门掌握商品销售情况。销售明细账和应收账款明细账应由两人分别掌管
工资核算组	负责监督工资基金,控制工资总额,审查和核算职工工资额,编制工资单。此外,根据成本计算的要求,还负责将工资总额按其类别进行分类,编制工资分配表
仓库核算组	负责审核仓库收发、领退材料,审查物资的凭证和账簿记录是否相符,既包括原材料、辅料、燃料、低值易耗品的收发、储存记录,又包括产成品的收发、储存记录
固定资产核算组	负责登记企业厂房设备等财产的明细账和折旧账。此外,凡属与企业添置和减少固定资产有关的业务,如新建购置、大修理、更新重置和调出、报废等,都由该组核算
成本计算组	负责计算、登记和分析基本生产、辅助生产、制造费用和管理费用等明细账。该组每月要编制生产成本报表,反映各种产品的单位成本和总成本,并进行成本分析
总账报表组	总账负责人应是会计主管的第一助手,该组负责汇总记账凭证、登记总账以及编制报表,还负责企业月终的结账工作

上述各组应至少由一人独立负责。若某组的工作量过大,则可以配备若干名会计人员。这种分组的设计使各组在取得、处理各类信息时,能够保持工作上的独立性,有利于职责的划分和实行内部控制管理。

在实际工作中,出纳一般在会计部门办公,也作为会计部门的成员,但其工作属于财务性质,主要负责库存现金、银行存款收付和核对结存工作,并编制出纳报告单。

第二节　会计人员及其职责设置

一、会计人员的聘任方式

会计人员的聘任方式通常有以下三种：

（1）由国家的会计管理机构或上级主管单位直接任命。其优点在于：会计人员直接对国家或上级负责，有利于执行国家或上级的各项规定，便于会计行使监督职能。缺点在于：不便于所在单位的统一领导，在发挥一个单位的职能作用方面会受到一定的影响。

（2）由各单位自行聘任。其优点在于：便于所在单位的统一领导。缺点在于：会计人员无法直接对国家或上级负责，不便于会计行使监督职能。

（3）由各单位征得上级主管部门的同意后聘任。其优点在于：会计人员直接对国家或上级负责，便于会计行使监督职能；便于所在单位的统一领导。缺点在于：当国家整体利益与企业局部利益发生冲突时，这一冲突通常会集中在会计人员身上，要求会计人员坚守原则，妥善处理。

根据《会计法》的有关规定，我国国有企业、事业单位、国家机关及社会团体等单位的会计人员，应依照国家制定的干部管理权限的规定任命的有总会计师、财务总监、财务机构负责人或会计主管人员。其中，财务总监是企业高管之一，是市场经济条件下的产物，具有财务组织建设能力、企业内部控制建设能力、筹措资金能力、投资分析决策和管理能力、税务筹划能力、财务预算能力、成本费用控制能力、分析能力、财务外事能力、财务预警能力和社会资源能力。总会计师是具有较高的会计专业技术职务，协助单位行政领导人组织领导本单位的经济核算和财务会计工作的专门人员，是单位行政群体的成员之一。总会计师具有以下权限：①有权制止或纠正违反国家财经纪律、法规、方针、政策、制度和有可能在经济上造成损失、浪费的行为。制止或纠正无效时，提请单位主要行政领导人处理。单位主要行政领导人不同意总会计师对前款行为的处理意见的，总会计师应按照《会计法》的有关规定执行。②有权组织本单位各职能部门、直属基层组织的经济核算、财务会计和成本管理方面的工作。③主管审批财务收支工作。除一般的收支工作可以由总会计师授权的财务机构负责人或其他指定人员审批外，重大的财务收支须经总会计师审批或者由总会计师报单位主要行政领导人批准。④预算、财务收支计划、成本费用计划、信贷计划、财务专题报告、会计决算报表，须经总会计师签署。涉及财务收支的重大业务计划、经济合同、经济协议等，在本单位内部须经总会计师会签。⑤会计人员聘用、晋升、调动、奖惩应事先征求总会计师的意见。财务机构负责人或会计主管人员的人选,应由总会计师进行业务考核,依照有关规定审批。总会计师与财务总监的区别具体如表9-3所示。

表9-3 总会计师与财务总监的区别

	任职条件	职责
总会计师	①坚持社会主义方向,积极为社会主义市场经济建设和改革开放服务。②坚持原则、廉洁奉公。③取得会计师专业技术资格后,主管一个单位或者单位内部一个重要方面的财务会计工作的时间不少于3年。④具有较高的理论政策水平,熟悉国家财经纪律、法规、方针和政策,掌握现代化管理的有关知识。⑤具备本行业的基本业务知识,熟悉行业情况,有较强的组织领导能力。⑥身体健康、胜任本职工作	①编制和执行预算、财务收支计划、信贷计划,拟定资金筹措和使用方案,开辟财源,有效地使用资金。②进行成本费用预测、计划、控制、预算、分析和考核,督促本单位有关部门降低消耗、节约费用,提高经济效益。③建立健全经济核算制度,利用财务会计资料进行经济活动分析。④承办单位主要行政领导人交办的其他工作。⑤负责对本单位财务机构的设置和会计人员的配备、会计专业职务的设置和聘任提出方案;组织会计人员的业务培训和考核;支持会计人员依法行使职权。⑥协助单位主要行政领导人对企业的生产经营、业务发展以及基本建设投资等问题做出决策。⑦参与新产品、技术改造、科技研究、商品(劳务)价格和工资奖金等方案的制订;参与重大经济协议的研究、审查
财务总监	①财务、会计、金融、投资等专业本科及以上学历,拥有中级以上会计师职称,具有注册会计师资格证书者优先考虑。②熟知合同法、经济法等法规政策,熟练操作用友或金蝶等财务软件。③具备良好的财务管理意识,熟知先进的财务管理方式。④具有3年以上高科技(电子、自动化、通信、计算机、软件)生产型企业财务管理工作经验,3年以上财务部门经理工作经验。⑤具有较强的财务分析预测、投融资及风险防范能力,对企业资本运营有很深刻的理解,具备出色的管理能力与良好的沟通技巧。⑥熟知相关政策法规并具备出色的财务管理经验及敏锐的洞察力和数据感觉,熟悉财务计划、成本分析、预算、成本核算等高级财务管理流程。⑦有现代企业财务成本控制及提高资金周转率的实践工作经验和技巧。⑧具有良好的团队合作精神以及很强的管理经验。⑨具有良好的职业道德风尚、严谨的工作作风以及高度的事业心和责任感	①制定公司的财务目标、政策及操作程序,并根据授权向总经理、董事会报告。②建立健全公司财务系统的组织结构,设置岗位,明确职责,保障财务会计信息质量,降低经营管理成本,保证信息通畅,提高工作效率。③对公司的经营目标进行财务描述,为经营管理决策提供依据,并定期审核和计量公司的经营风险,采取有效的措施予以防范。④建立健全公司内部财务管理、审计制度并组织实施,主持公司财务战略的制定、财务管理及内部控制工作。⑤协调公司同银行、工商、税务、统计、审计等政府部门的关系,维护公司利益。⑥审核财务报表,提交财务分析和管理工作报告;参与投资项目的分析、论证和决策;跟踪分析各种财务指标,揭示潜在的经营问题并为管理当局决策提供参考。⑦确保公司财务体系的高效运转;组织并具体推动公司年度经营/预算计划程序(包括对资本的需求规划)的正常运作。⑧根据公司实际经营状况,制定有效的融资策略及计划,利用各种财务手段,优化公司资本结构。⑨完成董事会、总经理交办的其他临时工作

二、会计人员工作规则的设计

设计会计人员工作规则是做好企业会计工作的一项措施。尽管各企业的情况千差万别,但设计的会计人员工作规则一般应包含以下内容:

(1) 各企业要根据工作需要配备合适的会计人员,建立会计人员岗位责任制,明确每一位会计人员的工作岗位和职责要求。

(2) 各企业要加强对会计工作的领导,加强对会计人员的培训,提高会计人员的素质,保持会计人员的相对稳定。会计人员因故离职要做好交接工作,不得中断会计工作。要对会计人员进行绩效考核,充分调动会计人员的积极性。

(3) 会计人员必须树立全局意识,遵纪守法,恪尽职守,廉洁奉公,实事求是。

(4) 会计人员必须贯彻执行党和国家的经济方针、政策、法律、法规,维护国家利益,对经济活动进行严格的核算与监督,提供会计资料,促进增产节约,提高经济效益。

(5) 会计人员必须努力钻研业务,不断丰富会计理论知识,提高业务工作能力,正确处理会计账务,熟练运用计算技术和分析方法,做好本职工作。

(6) 各企业的内部审计机构与会计机构应以贯彻落实《会计法》为共同目标,各司其职。

三、会计人员岗位责任制的设计

会计人员岗位责任制是指在会计机构内部依照会计工作内容和会计人员配备情况,将会计机构的工作划分为若干岗位,并按岗位规定职责进行考核的责任制度。

会计人员岗位责任制的基本目标是:

(1) 按照国家财政制度的规定,认真编制并严格执行预算。

(2) 按照国家会计制度的规定,对本单位各项业务收支进行记账、算账、报账工作,做到手续完备,内容真实,数字准确,账目清楚,日清月结,按期编制会计报表。

(3) 对本单位各项业务收支实行会计监督,监督、检查本单位有关部门的财务收支、资金使用、财产保管、收发计量、检验等工作。

(4) 严格执行国家各项财经制度,遵守费用开支标准,对违反财经纪律和会计制度的行为,有权拒绝付款、报销和执行,并向本单位领导或上级机关报告。

(5) 定期检查和分析财务计划或预算的执行情况,挖掘增收节支的潜力,考核资金使用效果,及时向领导提出建议。

(6) 按照国家会计制度的规定,妥善保管会计凭证、账簿、报表等档案资料。

会计人员岗位责任制应按照"事事有人管,人人有专责,办事有标准,工作有检查"的原则来设计。其设计要求是:设计的岗位责任制要将工作任务和工作方法、职责和权限、专业核算和群众核算有机地结合起来,保证完成会计工作任务。岗位责任制应以会计的职能为设计依据。现以正常规模的制造企业为例,说明各岗位的职责。

1. 会计部门主管岗位的职责

会计部门主管岗位的职责具体包括:

(1)领导本单位的会计工作。

(2)组织制定本单位的各项会计制度,并监督贯彻执行。

(3)参加生产经营管理会议,参与经营决策。

(4)审查或参与拟制经济合同、协议及其他经济文件。

(5)负责向本单位领导与职工代表大会报告财务状况和经营成果,审查对外提供的会计资料。

(6)组织会计人员学习政治理论和业务技术,负责会计人员的考核,参与研究会计人员的聘任和调整工作。

2. 固定资产核算岗位的职责

固定资产核算岗位的职责具体包括:

(1)会同有关部门拟定固定资产的核算与管理办法。

(2)参与编制固定资产更新改造和大修理计划。

(3)负责固定资产的明细核算和有关报表的编制。

(4)计算提取固定资产折旧和大修理基金。

(5)参与固定资产的清查盘点。

3. 材料物资核算岗位的职责

材料物资核算岗位的职责具体包括:

(1)会同有关部门拟定材料物资的核算与管理办法。

(2)审查汇编材料物资的采购计划。

(3)负责材料物资的明细核算。

(4)会同有关部门编制材料物资计划成本目录。

(5)配合有关部门制定材料物资消耗定额。

(6)参与材料物资的清查盘点。

4. 库存商品核算岗位的职责

库存商品核算岗位的职责具体包括:

(1)负责库存商品的明细核算。

(2)会同有关部门编制库存商品计划成本目录。

(3)配合有关部门制定库存商品的最低、最高限额。

(4)参与库存商品的清查盘点。

5. 工资核算岗位的职责

工资核算岗位的职责具体包括：

(1)监督工资基金的使用。

(2)审核发放工资、奖金。

(3)负责工资的明细核算。

(4)负责工资分配的核算。

(5)计提应付福利费和工会经费等费用。

6. 成本核算岗位的职责

成本核算岗位的职责具体包括：

(1)拟定成本核算办法。

(2)制订成本费用计划。

(3)负责成本管理基础工作。

(4)核算产品成本和期间费用。

(5)编制成本费用报表并进行分析。

(6)协助管理在产品和自制半成品。

7. 收入、利润核算岗位的职责

收入、利润核算岗位的职责具体包括：

(1)编制收入、利润计划。

(2)办理销售款项结算业务。

(3)负责收入和利润的明细核算。

(4)负责利润分配的明细核算。

(5)编制收入和利润报表。

(6)协助有关部门对产成品进行清查盘点。

8. 往来款项结算岗位的职责

往来款项结算岗位的职责具体包括：

(1)建立往来款项结算手续制度。

(2)办理往来款项的结算业务。

(3)负责往来款项结算的明细核算。

9. 资金核算岗位的职责

资金核算岗位的职责具体包括：

(1)拟定资金管理和核算办法。

(2)编制资金收支计划。

(3)负责资金调度。

(4)负责资金筹集的明细核算。

(5)负责企业各项投资的明细核算。

10. 总账报表岗位的职责

总账报表岗位的职责具体包括：

(1)登记总账。

(2)编制资产负债表、利润表、现金流量表等有关会计报表。

(3)管理会计凭证和会计报表。

11. 稽核岗位的职责

稽核岗位的职责具体包括：

(1)审查财务成本计划。

(2)审查各项财务收支。

(3)复核会计凭证和会计报表。

其他行业的会计人员岗位责任制，可以参考上述方法进行设计，此处不再赘述。

第三节　其他会计工作组织设计

除上述会计工作组织设计外，对于会计工作规范和会计档案保管等会计工作组织的设计，企业也有一定的自主性。

重点视频讲解

一、会计工作规范设计

根据财政部《会计基础工作规范》(2019年修订)(以下简称《规范》)，至少还有以下会计工作规范应当关注：

1. 会计人员回避制度

《规范》规定，国家机关、国有企业、事业单位任用会计人员应当实行回避制度。单位领导的直系亲属不得担任本单位的会计机构负责人、会计主管人员。会计机构负责人、会计主管人员的直系亲属不得在本单位会计机构中担任出纳工作。需要回避的直系亲属指夫妻关系、直系血亲关系、三代以内旁系血亲以及配偶亲关系。

2. 会计人员职业道德

会计人员职业道德是会计人员从事会计工作应遵循的道德标准，主要包括：

(1)爱岗敬业。会计人员应热爱本职工作，努力钻研业务，使自己的知识和技能适应所从事工作的要求。

（2）熟悉法规。会计人员应熟悉财经法律、法规和国家统一的会计制度，做到自己在处理各项经济业务时知法依法、知章循章，依法把关守口，同时还要进行法规的宣传，提高法治观念。

（3）依法办事。一方面，会计人员应按照财经法律、法规和国家统一会计制度规定的程序及要求进行会计工作，保证所提供的会计信息合法、真实、准确、及时、完整；另一方面，会计人员必须树立职业形象和人格尊严，敢于抵制歪风邪气，同一切违法乱纪行为作斗争。

（4）客观公正。会计信息正确与否，不仅关系到微观决策，而且关系到宏观决策。做好会计工作，不仅要有过硬的技术本领，还要有实事求是的精神和客观公正的态度；否则，就会把知识和技能用错地方，甚至参与弄虚作假或者串通舞弊。

（5）提供服务。会计工作是经济管理工作的一部分，把这部分工作做好对所在单位的经营管理至关重要。会计人员应积极运用所掌握的会计信息和会计方法，为改善单位的内部管理、提高经济效益服务。

（6）保守秘密。会计工作的性质决定了会计人员有机会了解本单位的财务状况和生产经营情况，有可能了解或掌握重要的商业机密。会计人员应树立泄密失德的观点，对于自己知悉的内部机密，不管何时何地都要严守，不得为一己私利而泄露机密。

3. 会计工作交接

办理好会计工作交接，有利于保持会计工作的连续性，并明确责任。其主要内容有：

（1）基本要求。会计人员工作调动或者因故离职必须将本人经管的会计工作全部移交给接替人员，没有办清交接手续不得调动或者离职。

（2）办理移交手续前的准备工作。对已受理的经济业务尚未填制会计凭证的，应填制完毕；尚未登记的账目，应登记完毕，并在最后一笔余额后加盖经办人员印章；整理应移交的各项资料，对未了事项写出书面证明等；编制移交清册，列明应移交的会计凭证、会计账簿、会计报表、现金、有价证券、支票簿、发票、文件、其他会计资料和物品等内容。实行会计电算化的单位，移交人员还应在移交清册中列明会计软件及密码、会计软件数据磁盘（磁带等）及有关资料、实物等内容。会计机构负责人、会计主管人员在移交时，还应将全部财务会计工作、重大财务收支问题和会计人员的情况等向接替人员介绍清楚；需要移交的遗留问题，应写出书面材料。

（3）按照移交清册逐项交接。交接双方要按照移交清册列明的内容，进行逐项交接。其中，现金、有价证券要根据会计账簿有关记录进行点交，现金、有价证券必须与会计账簿记录保持一致；不一致时，移交人员必须限期查清。所有会计资料必须完整无缺，若存在短缺则必须查明原因,并在移交清册中注明,由移交人员负责。银行存款账户余额要与银行对账单核对,若不一致则应编制银行存款余额调节表调节相符。各种财产物资和债权债务的明细账户余额要与总账有关账户余额核对相符;必要时,抽查个别账户的余额,与实物核对相符,或者与往来单位、个人核对清楚。移交人员经管的票据、印章及其他会计用品等,也必须交接清楚;尤其是实行会计电算化的单位,对有关电子数据应在计算机上进行实际操作,以检查电子数据的运行和有关数字的情况。交接工作结束后,交接双方和监交人要在移交清册上签名或盖章,以明确责任;同时,移交清册由交接双方以及单位各执一份,以供备查。

(4)专人负责监交。在办理会计工作交接手续时,要有专人负责监交,以保证交接工作的顺利进行。一般会计人员办理交接手续,由单位的会计机构负责人、会计主管人员负责监交;会计机构负责人、会计主管人员办理交接手续,由单位领导人负责监交,必要时可由上级主管部门派人会同监交。

(5)临时工作交接。对于会计人员临时离职或者因病暂时不能工作,需要有人接替或者代理工作的,也应按照《规范》的规定办理交接手续;同样,临时离职或者因病暂时离岗的会计人员恢复工作的,也要与临时接替或者代理人员办理交接手续,目的是保持会计工作的连续性和明确责任。对于移交人员因病或者其他特殊原因不能亲自办理移交手续的,《规范》规定,在这种情况下,经单位领导人批准,可以由移交人员委托他人代办移交手续,但委托人应对所移交的会计工作和相关资料承担责任,不得借口委托他人代办交接而推脱责任。

(6)移交后的责任。移交人员要对自己经办且已经移交的会计资料的合法性、真实性承担法律责任,不能因会计资料已经移交而推脱责任。

二、会计档案管理设计

会计档案是指会计凭证、会计账簿、会计报表等会计核算专业资料。会计档案是国家档案的重要组成部分,也是各单位的重要档案,是对一个单位经济活动的记录和反映。

会计档案管理设计的原则是:统一管理、分工负责;齐全完整;简便易行;依法管理。

会计档案管理设计的内容有:整理的设计,保管的设计,利用的设计和销毁的设计。

▶▶ 复习题

1. 简述会计工作组织的内容。
2. 为什么必须单独设置会计机构?
3. 简述会计机构设计的原则。

4. 财务与会计的关系如何？在一个大中型企业中，财务与会计应如何分工才有利于做好各自的工作？

5. 在一般制造企业中，会计机构的内部组织及其分工如何划分才较为合理？

6. 会计人员的任命有哪几种形式？各有什么优缺点？如何配备会计人员？

7. 会计人员工作规则一般应包含哪些内容？

8. 其他会计工作组织设计的内容有哪些？

▶▶▶ 思考设计题

1. 某工业企业为了加强车间一级的管理工作，决定实行内部车间独立核算。各车间设置一名会计人员，在车间主任的领导下负责会计方面的工作。为了做好此项工作，其中主要生产车间的会计工作由具有助理会计师任职资格的人员担任。要求车间会计人员除做好日常的会计核算工作外，重点是实行全面成本管理工作，包括组织职工实行班组的目标成本管理工作。试为该企业拟定一套责、权、利相结合的车间会计人员岗位责任制度。

2. H 公司财务部门有 11 名会计人员，其中高级会计师 1 名，会计师 3 名，助理会计师 3 名，会计员 4 名。请为 H 公司设计一套会计人员岗位责任制度。

3. W 公司是一家大中型企业，国有控股，且公司设有总会计师岗位。随着公司经营规模的扩大，企业组织形式、经营过程、管理要求也更加复杂，财务和会计的工作量大大增加，为此，公司对会计部门和财务部门进行了分设。

请思考以下问题：

(1) W 公司会计机构内部组织设计采用了何种形式？

(2) W 公司会计部门和财务部门的岗位分别有哪些？

(3) 对总会计师和会计部门经理有何任职要求？

▶▶▶ 实验题

(接第二章思考设计题第 1 题) 何某在向刘某谈及财务机构及财务人员情况时有如下意思表示：

(1) 总部此前并无明确设置财务机构，且其机构与职责不相宜；各分公司及各分厂下属单位有不少事都找财务总监，他没有更多的时间来应付。

(2) 各分公司尤其是省级分公司都未设财务机构，而是在各分公司办公室内设置副主任，由其主管财务工作。

(3) 公司内财务人员中有不少与法人代表及其他高级管理人员有着各种不同的复

杂关系。

(4) 财务部门总体人手太少,以至于大家觉得特别累,也没有更多的时间和精力去把工作做得更好。

(5) 高素质、复合型且与外界有良好合作关系的人才过少。

1. 请提出解决上述问题的方法或思路。

2. 重新分析财务总监扮演的角色。

3. 以"CFO,我的梦"为题,分析近年来专业学习的不足之处(要求不少于300字)。

4. 撰写一份实验报告,内容至少包括体会及建议(要求不少于200字)。

第十章　会计电算化制度设计

[知识目标]

1. 了解会计电算化与会计电算化制度。
2. 明确会计电算化制度设计的基本依据、原则。

[能力目标]

1. 能按目标企业的具体情况有效参与会计软件的二次开发。
2. 能掌握会计电算化内部控制系统设计的基本技能。

导入案例

请认真阅读以下案例并思考三个问题：

1. 什么是 NC 系统？什么是 ERP 系统？二者有何关系？
2. NC 系统有何特点？
3. NC 系统二次开发对企业会计制度设计有何帮助？

浅议施工企业会计制度设计与 NC 系统二次开发

一、精心选择 ERP 系统，便于企业后期深度开发

由于 X 公司属于大型施工企业，实行二级管理三级核算，承包施工的工程遍及省内外，子公司、分公司、项目公司众多，管理难度较大，因此 X 公司宜选择功能强大且齐全的系统软件，便于企业后期深度开发和软件升级。经过充分的比较和正规的竞标程序，X 公司最终选择国内知名 ERP 软件 A——能够提供财务会计（NC）、资产管理、资金管理、合并报表、管理会计、供应链采购管理、预算管理、工程项目管理、分销、分析决策、人力资源管理（HR）、办公系统（OA）等完整的企业管理解决方案。其中，NC 系统软件以其出色的高安全性、高可扩展性、大吞吐量计算、高可靠性和绿色节能等强大优势从竞争者中脱

颖而出。NC系统作为中国大型企业集团管理软件系统，具备系统自动化、动态自我管理和自我修复的功能，支持超大数据量和高并发，能够实现集团总部集中管理，对下级单位数据集中远程监控，为企业做出运营决策提供丰富的数据分析支持。特别是其中的项目成本管理系统以项目管理为核心，为构建先进、开放的集团企业云计算应用平台提供了强有力的支持，为集团企业提供了建模、开发、集成、运行、管理一体化的全面信息化解决方案，便于企业进行系统二次开发。

二、制度先行，精心筹划NC系统二次开发，预留后续扩展空间

（一）精心筹划，制度先行

在引进NC系统之初，X公司深入调查研究，多次召集会计骨干人员讨论，形成企业《会计核算办法》和《企业会计准则账户计划》初稿，再广泛收集意见进行深入修订，依据《会计核算办法》和《企业会计准则账户计划》的相关条例对NC系统进行二次开发。例如，制订统一账户计划，根据需要实行辅助核算，精确设定报表项目，实现会计科目数据自动归集生成会计报表，包括企业内部管理的八种报表全部实现一次生成。这在很大程度上减轻了会计工作量，提升了会计工作效率，报表数据更加精确，会计信息质量明显提高。同时，基于NC系统高扩展性的特点，注意预留后续扩展空间。

（二）结合公司管理与核算的特点，设计适合公司管理要求的NC核算与账户体系

会计科目根据公司实际经营情况可设置到三级或四级，如其他应收款、固定资产、累计折旧、递延所得税资产、管理费用、制造费用、应付职工薪酬、应交税费、其他业务收入等科目设置到三级或四级进行明细核算。对银行存款、其他货币资金、应收账款、预付账款、应付账款、预收账款、原材料类、工程施工、工程结算、非流动资产类等科目设置"银行账户辅助核算""客商辅助核算""客商辅助核算+在建工程辅助核算""客商辅助核算+租赁项目辅助核算""在建工程+人员档案""在建工程辅助核算""项目辅助核算"等辅助核算类型，从而大大方便数据归集和分析，发挥NC系统强大的效能和作用。

（三）发挥NC系统特点，科学修订会计核算方案

X公司NC系统上线时"营改增"只在少数行业试行，建筑业的营改增工作尚未全面开展，为此公司预留了后续扩展空间。2016年我国全面施行营改增，X公司根据《关于全面推开营业税改征增值税试点的通知》（财税〔2016〕36号）和营改增后《增值税会计处理规定》（财会〔2016〕22号），依据自身特点制定了增值税会计核算补充规定以顺应政策要求，同时对NC系统的相关账户设置进行了相应修改。例如，在"应交税费——预交增值税"科目下增设"待抵扣进项税额""待认证进项税额""待转销项税额""预交增值税""增值税留抵税额""简易计税"等三级科目，均实行项目辅助核算。X公司要求对增值税销项税额和进项税额均核算到工程项目，实行工程项目辅助核算，可以实现对工程项目

从开工到竣工所有数据的实时采集,以及对工程项目涉及的增值税进行实时监控。对一般计税项目设置"应交税费——应交增值税——销项税额(XX工程项目辅助)"科目进行项目辅助核算;对简易计税项目则设置"应交税费——简易计税(XX工程项目辅助)"科目进行项目辅助核算。对购入的原材料设置"应交税费——预交增值税——待认证进项税额(XX工程项目辅助)"科目进行核算,在增值税专用发票经过认证可以抵扣后,则从"应交税费——预交增值税——待认证进项税额(XX工程项目辅助)"科目转入"应交税费——应交增值税——进项税额(XX工程项目辅助)"科目。

资料来源:梁德仪.浅议施工企业会计制度设计与NC系统二次开发[J].信息与管理,2020(6):120-121。

前面各章节所阐述的会计制度的设计,主要是基于手工作业条件。在会计电算化条件下,这些内容多数是适用的,但必须在了解前面各章节内容的基础上,进一步了解会计电算化条件下有关会计制度设计的特点。

第一节　会计电算化与会计电算化制度

拓展阅读

会计电算化是人机结合的系统,主要由会计人员、硬件资源、软件资源和信息资源等要素构成,其核心部分是功能完善的会计软件资源。会计电算化的出现大大减少了会计人员的工作量,提高了会计工作的效率和会计信息的质量,促进了会计职能的转变。

一、会计电算化制度设计的要求

会计电算化制度的设计除应符合会计制度设计的一般要求外,还应结合会计电算化系统的具体特点。具体要求如下:

(1)会计信息安全可靠。确保进入系统的数据准确且有凭有据,确保进入系统后数据安全可靠,能够及时查错纠错,具备应对各种问题的预防及补救措施。

(2)操作简单,满足企业需要。设计者在设计会计电算化制度时,应从企业实际情况出发,设计出适合本单位使用的会计电算化制度。

(3)兼顾会计电算化系统各子系统之间的关系,遵循系统性原则,促使整个系统实现最优化。系统性原则是指以包括整体观点、关联观点、发展观点、最优观点在内的系统观点进行会计电算化制度的设计工作。

(4) 容易上手,操作简便。会计电算化制度设计应尽可能简便操作,确保会计人员容易上手。

二、会计电算化制度设计的基本内容

会计电算化制度设计包括会计电算化内部控制系统设计和会计电算化信息系统设计两方面内容。

会计电算化内部控制系统设计的主要内容包括管理控制、操作控制、系统开发控制、安全性控制等。

会计电算化信息系统设计的主要内容包括:①软件各子系统初始化设计。系统初始化设计主要包括系统参数设置、科目设置、科目类型设置、输入账户余额、输入银行往来账户余额、输入客户往来账户余额等。②软件各子系统日常账务处理设计。日常账务处理以会计月份为基本单位。日常账务处理过程设计如下:输入、修改记账凭证;凭证复核;科目汇总、记账;月末转账、试算平衡、对账、结账等;打印账簿、报表;银行对账。③软件各子系统之间数据链接、共享的设计。

第二节　会计电算化制度设计的基本依据和原则

一、会计电算化制度设计的基本依据

会计电算化制度设计的基本依据主要包括:

(1) 财政部、审计署有关会计电算化管理的法令、法规和制度。

(2) 计算机系统工作的基本特点。实务中,要特别注意"反记账"或"反结账"。"反记账"是指记账凭证已记账,出于种种原因使其返回记账前状态,以便操作人员可以不留痕迹地对记账凭证进行修改的功能。"反结账"是指使已经完成结账操作的月份的账簿返回到结账前状态,使操作人员可以对已结账月份的数据进行修改或调整的功能。这些功能使会计的记账、结账等操作失去了应有的保证数据真实、可靠的作用,是违反会计制度的功能。

(3) 企业自身状况。企业自身状况主要包括规模大小、组织形式、核算流程、内部控制要求、整个经营管理需要以及企业人员素质等。

二、会计电算化制度设计的原则

会计电算化制度设计应遵循以下原则:

1. 合法性原则

企业使用的软件必须满足会计核算软件基本功能规范的要求。实务中主要依据：一是商品化软件公司对开发过程的自我控制，以保证软件功能符合财政部的要求，并提供必要的供审计使用的端口，方便审计部门开展审计工作；二是用户在选择商品化财务软件时应对软件的功能进行必要的审查，以检验其是否符合财政部关于会计核算软件基本功能规范的要求。

2. 标准化原则

会计业务的处理具有严格的时序性要求，会计电算化软件难以严格控制操作的时序。因此，企业应制定出标准化操作程序及有关控制点的控制要求，以便对业务处理的过程进行控制。

3. 经济性原则

会计电算化系统通常采用计算机程序和组织、制度相结合的综合控制方法建立自身内部控制体系。对于某一关键点采用哪一种控制方法可有多种考虑，在确定具体的使用方法时除了考虑控制的有效性，还必须考虑所采取措施的经济性。

4. 民主性原则

会计制度的设计者主要是专业会计人员，但会计制度的执行者除了会计人员，还包括其他有关人员，特别是在会计电算化条件下，输入数据的人员不限于会计人员，还可以直接由经办人员操作。设计者在设计会计电算化制度时，应充分了解其他有关人员对制度的意见和要求，采纳合理的意见，并在设计完成后接受有关人员的监督。

第三节 会计电算化内部控制系统设计

一、会计电算化内部控制系统设计的目标

会计电算化内部控制系统设计的总目标是：保证会计电算化系统的可控、合法、可靠和高效率运行，最大限度地保护会计电算化系统下信息和资产的完整，保证财务记录、会计报表等管理信息的准确和可靠，促进会计电算化在企业管理中的有效运用，严守管理标准和提高运行效率。具体来说，主要包括以下五个方面：

1. 确保会计电算化系统的作业合法合规

会计电算化系统与手工会计系统一样，所处理的经济业务必须符合国家有关的法律、法规、方针、政策，符合有关部门颁布的各项规章制度等。因此，在会计电算化系统的设计阶段及运行阶段，企业必须建立适当的内部控制制度，确保会计电算化系统及其所

处理的经济业务合法合规。

2. 保证会计电算化系统处理的数据正确无误

保证会计信息可靠、数据正确是会计电算化系统内部控制的基本目标。在系统设计的过程中,要注意程序控制;在系统运行的过程中,要严格控制数据输入环节,确保输入数据的正确性。

3. 保证系统安全可靠

保证会计电算化系统安全可靠,是系统正常运行的前提和基础。因此,在会计电算化系统正式投入运行前,企业应建立严密完善的硬件、软件和数据安全措施,充分考虑系统的安全性。

4. 提高会计电算化系统运行的效率

会计电算化系统的运行效率在很大程度上取决于数据输入。因此,企业在数据输入环节可以采用适当的控制技术,提高数据输入的效率。

5. 提高系统的可维护性

可维护性是指系统易理解、易修改和易扩充。为了实现这一控制目标,在系统开发初期,企业就应充分考虑到今后的维护工作。在系统开发的过程中,企业必须对系统开发的每一个环节进行严格的管控。

二、会计电算化内部控制系统设计的内容

(一)会计电算化内部控制系统的分类

会计电算化系统的内部控制分为一般控制和应用控制,它们均是计算机应用于会计信息系统而产生的一种特殊控制,主要用来预防、发现和纠正系统所发生的错误,使系统能正常运行。

(二)会计电算化系统的一般控制设计

一般控制可以描述成以下内容:

1. 组织控制

(1)信息部门与用户部门的职责分工。组织控制的任务之一是对不兼容的作业予以分工。所谓对不兼容的作业予以分工,是指对交易的核准、交易的执行、交易的记录与资产的保管应加以分工。在信息化的企业中,一般由信息部门开发建设、维护信息系统,业务部门和会计部门则使用计算机处理日常业务信息以及进行会计核算工作。企业要对信息部门与用户部门的职责进行严格分工,最重要的是区分计算机操作与程序编写或维护的工作。企业应杜绝某人既是企业软件的开发维护人员,又是业务或会计电算化系

统的操作人员的现象。

（2）业务授权与访问控制。所有会计电算化系统处理的业务都应进行授权管理。要达到这一目的，就要明确业务的筹划、执行和会计电算化系统处理之间的责任，只有这样才能确保系统检测出未经授权的业务。企业应将每一个有权向会计电算化系统提交业务的人都列入权限管理控制，核定其授权批准的业务类型和业务数量，在会计电算化系统中定义他们的操作权限。对于由会计电算化系统生成的业务，在提交会计电算化系统处理之前应通过审核和批准。

对日常会计电算化系统操作访问的管理控制可采取以下措施：①加强会计电算化系统操作人员的管理。系统操作人员应按照被授予的权限处理业务，不得越权接触系统；系统程序员不得进行业务操作。②建立计算机资源访问授权和身份认证制度，即明确每个用户的安全级别和身份标识，并分别定义具体的访问对象。③建立日志审计制度和制定上机操作规程，即定期对系统操作日志文件进行安全检查和评估；制定上机操作规程，主要包括软硬件操作规程、作业运行规程和用机时间记录规程等。④存取控制，即对系统资源进行分类管理，并根据用户级别，限制系统资源的共享和流动。⑤特权管理。由于超级用户拥有操作和管理系统全部资源的特权，因此其特权一旦被盗用，将给系统造成重大危害。特权管理是指若干管理员和操作员共同管理系统，使其具有完成其任务的最少特权并相互制约，以提高系统的安全性和可靠性。⑥建立安全稽核机制。对系统操作的事件类型、用户身份、操作时间、系统参数和状态以及系统敏感资源进行实时监控与记录，进行必要的权限设置，以便能够对各种不同的权限进行用户识别和远程请求识别。⑦设置安全检测预警系统，即实时寻找具有网络攻击特征和违反网络安全策略的数据流，实时响应和报警，阻断非法的网络链接，对事件涉及的主机实施进一步跟踪，创造一种漏洞检测与实时监控相结合的可持续改进的安全模式。

（3）人事控制。健全的人事控制不仅可以保证数据处理的质量，而且可以促进其他组织控制和作业功能的发挥。人事控制是一种专门的、以人为对象的控制。它包括四个方面：①工作性质说明。工作性质说明主要用于确定各职位的权责，对取得该职位的人员的能力、素质提出明确的要求，并确定该职位与企业其他职位之间的关系。②人员的选择与培训。企业应有规范化的用人制度。人员的选择要有一定的标准，对于申请职位的人员，应考核其道德品质、工作能力、工作经验，评定其潜在能力；对于在岗者，应进行持续性的定期考核、在职进修，提升其业务能力。③对个人行为的监督与评价。通过工作轮调，可以防止个人因持续进行一项工作而产生弊端。④人事管理办法制度化。企业应将人员管理工作流程纳入系统与作业程序，不因人而异。

2. 系统开发控制

系统开发控制是一种预防性控制,贯穿于系统规划、系统分析、系统设计、系统实施、系统运行测试与维护的各个阶段,其目的在于确保会计电算化系统开发过程及其内容与内部控制的要求相符,保证会计电算化系统开发过程中各项活动的合法性和有效性。其主要内容包括:

(1)明确开发目标,制订项目管理计划,进行项目的可行性研究与分析。控制开发进度,监督开发质量,检查各功能模块设置的合理性及程序设计的可靠性,提高系统的可审性。

(2)用户与稽核人员参与系统的需求分析。在需求分析阶段,会计电算化系统的用户应参与系统的开发工作。通过与用户、稽核人员的沟通,软件开发人员能够充分了解用户的需求、业务的流程以及所采取的控制措施,并将控制措施嵌入应用系统。用户参与软件开发过程,将有效保障会计电算化系统的质量,使开发的会计电算化系统满足用户的需求。

(3)系统设计或软件设计的验收。软件开发人员、管理人员、用户和稽核人员应对会计电算化系统开发过程中的每个阶段进行验收(包括技术层面的验收与输出层面的验收),适当地复核与核准。其中,技术层面的验收应确保具备系统运行的物理条件以及程序的制作符合标准;输出层面的验收应确保系统能够满足用户需求和控制要求。

(4)系统运行测试控制。在软件编码完成后,系统首先要进行完整性测试。系统的测试由软件开发人员、用户、稽核人员共同参与,由技术人员负责执行。它包括个别程序测试、关联程序测试、系统测试、先导测试、平行测试。

总之,系统开发是一项复杂的工程,要经过系统分析、功能设计、模块设计、程序编制、程序调试、系统运行和投入使用等阶段。各环节的开发质量和进度直接影响到后续环节乃至整个系统的开发。系统开发前的可行性研究与分析,开发过程的用户参与,使用系统设计进度表和功能完工进度表控制进度,严格的运行测试和验收制度将有效保障会计电算化系统的质量。

3. 系统维护控制

企业应建立维护审批制度、维护方法、维护内容测试、维护文档编制的规范化制度,维护用机、测试数据与营行机器、实际数据的分隔制度,源程序保管控制制度等。系统维护控制包括系统安装、修正、更新扩展、备份等各项工作。

4. 会计数据资源控制

会计数据资源控制是整个系统控制的主要安全目标,以防止数据程序被修改、损毁和被病毒感染。对数据库安全的威胁主要来自两个方面:一是系统内外人员对数据库的

非法访问;二是因系统故障、错误操作或人为破坏而造成数据库的物理损坏。针对上述风险,会计数据资源控制可采取以下主要措施:

(1) 合理定义应用子模式。子模式是指全部数据资源中指向某一特定用户或应用项目的一个数据子集。在网络环境下,企业应根据不同的应用项目(功能)分别定义面向用户操作的数据界面,以限制非法访问者轻易获取全部会计数据资源。

(2) 建立会计数据资源授权制度,即明确定义每个用户对会计数据资源访问的范围和内容,并分别规定数据库的查阅、修改、删除、插入等操作权限。

(3) 建立数据备份和恢复制度。企业应建立系统操作日志文件(记录系统操作过程的文件)和检查点文件(作业内容信息能被记录下来,并可重新启动该作业的一个点),以保证系统恢复的有效性和一致性。

(4) 进行文件资料控制。软件开发过程中形成的一整套文件资料(包括系统说明书、程序说明书、数据结构说明书、运行说明书等)必须由专人保管,使用时须经过批准并予以登记,修改时由专人审批复核并做好修改记录。

5. 硬件与系统软件控制

(1) 硬件控制。会计电算化系统的硬件以及支撑会计电算化系统的网络通信基础设备在系统运行过程中可能出现故障而造成会计电算化系统运行中断,可见信息处理可靠度的提升依赖于硬件的控制。这些硬件控制通常由计算机硬件厂家在出售前就设置在硬件的设备内。常见的控制方法有奇偶校验、溢出校验、有效性检查、设备自检、重复处理等。对硬件作业过程的控制包括作业环境控制、电源保护等。一旦硬件发生故障或有错误暴露出来,通常要求计算机系统管理人员立即予以记录并报告,请厂家或信息中心的维修人员来处理。

(2) 系统软件控制。系统软件是指一组执行系统管理、应用程序支持和控制等功能的软件,它具有管理功能、应用程序支持功能和控制功能。其中,控制功能是由操作系统和某些公用程序执行的。控制功能主要包括错误处置、程序保护、文件保护、安全保护等。

6. 计算中心控制

计算中心控制主要是对系统的物理环境及设备可靠性的控制,目标是确保系统设备实时、连续地运转。主要包括两个方面的控制:

(1) 计算中心安全控制,包括中心物理位置、机房结构设置控制和接触控制等。接触控制的目的在于防止非经授权批准接近或使用计算机硬件、程序和数据等硬软件资源,保护系统安全。

(2) 群集系统控制。当一台服务器(或其他设备软件)发生故障时,群集系统中的另一台服务器会立即承担故障服务器的工作,并保证数据的连续性。对不间断运行要求很高的系统,一般要采用这一方法加以控制。

7. 网络控制

网络环境下的会计电算化系统是一种分布式处理结构,计算机服务功能(工作站)分布于企业各业务部门,实行会计与业务协同处理。因此,计算中心对各工作站的控制由原来集中处理模式下的行政控制转变为间接业务控制。其主要内容包括:

(1) 工作站点设置控制,即合理设置工作站点,并通过操作系统、数据库管理系统实现对各工作站的职责分工控制。

(2) 内审控制,即设立内审组,监督和控制各工作站的日常运行。

(3) 风险管理控制,即设立风险评估小组(可由系统分析员、内审人、主要用户组成),定期对系统进行风险评估、弱点分析,以不断完善会计控制体系。

(4) 人事管理控制,即实行业务考核制度,对特殊企业(如金融企业等)的重要岗位可实行轮岗制度等。

(三) 会计电算化系统的应用控制设计

应用控制是指具体的应用系统中用来预防、检测和更正错误以及处置不法行为的内部控制措施。大部分应用控制措施在系统开发时可直接嵌入软件功能。这些控制措施可分为三大类:

1. 输入控制

输入控制的目标是确保网络环境下数据采集的合法性、准确性和完整性;重点在于建立适当的授权和审批机制,并对输入数据的准确性进行校验。常用的输入控制措施如下:

(1) 建立科目名称与代码对照文件,以防止会计科目输错。

(2) 设计科目代码校验,以保证会计科目代码输入的正确性。

(3) 设立对应关系参照文件,用来判断对应账户是否发生错误。

(4) 试算平衡控制,对每笔分录和借贷方进行平衡校验,防止金额输错。

(5) 顺序检查法,防止凭证编号重复。

(6) 二次输入法,将数据先后两次输入或同时由两人分别输入,经对比后确定输入是否正确。

2. 处理控制

常用的处理控制措施如下:

(1) 登账条件检验,即系统有确认数据经复核后才能登账的控制能力。

（2）防错、纠错控制，即系统有防止或及时发现在处理过程中数据丢失、重复或出错的控制措施。

（3）修改权限与修改痕迹控制，即对已入账的凭证，系统只能提供留有痕迹的控制和留有痕迹的更改功能，对已结账的凭证与账簿以及计算机内账簿生成的报表数据，系统不提供更改功能。

3. 输出控制

常用的输出控制措施如下：

（1）控制只有具有相应权限的人员才能执行输出操作，并要登记操作记录，从而达到限制接触输出信息的目的。

（2）打印输出的资料要进行登记，并按会计档案要求保管。

第四节　会计电算化系统维护与管理设计

会计电算化系统投入运行后，为保证系统的运行长期稳定，企业必须对会计电算化系统的运行进行管理。

一、会计电算化系统内部管理制度设计

（一）会计电算化岗位责任制设计

为了确保所设计的会计电算化岗位责任制的科学性、合理性，企业应根据实际工作需要，明确各岗位的工作职责，切实做到"事事有人管，人人有专责，办事有要求，工作有检查"。

实行会计电算化的企业的工作岗位分为基本会计岗位和电算化会计岗位。其中，基本会计岗位主要包括会计主管、出纳、审核、稽核、会计档案管理等。

企业在划分电算化会计岗位及其工作职责时，可做以下设计：

（1）电算化主管。负责协调计算机及会计电算化系统的运行工作；此岗位要求具备会计和计算机知识，以及相关的会计电算化组织管理的经验；电算化主管可由会计主管兼任，采用中小型计算机和计算机网络财务软件的企业，应设立此岗位。

（2）软件操作。负责输入记账凭证和原始凭证等会计数据，输出记账凭证、会计账簿、报表，并进行部分会计数据处理工作；此岗位要求具备会计软件操作知识，达到会计电算化初级知识培训的水平；基本会计岗位的会计人员可兼任软件操作岗位的工作。

（3）审核记账。负责对输入计算机的会计数据（记账凭证和原始凭证等）进行审核，操作财务软件登记机内账簿，对打印输出的账簿、报表进行确认；此岗位要求具备会计和

计算机知识,达到会计电算化初级知识培训的水平,可由会计主管兼任。

（4）电算化维护。负责保证计算机硬件、软件的正常运行,管理机内会计数据;此岗位要求具备会计和计算机知识,达到会计电算化中级知识培训的水平;采用大型、小型计算机和计算机网络财务软件的企业应设立此岗位;此岗位在大中型企业中应由专职人员担任。

（5）电算化审查。负责监督计算机及财务软件的运行,防止相关人员利用计算机进行舞弊;此岗位要求具备会计和计算机知识,达到会计电算化中级知识培训的水平;此岗位可由会计稽核人员兼任;采用大型、小型计算机和计算机网络财务软件的企业可设立此岗位。

（6）数据分析。负责对计算机内的会计数据进行分析;此岗位要求具备会计和计算机知识,达到会计电算化中级知识培训的水平;采用大型、小型计算机和计算机网络财务软件的企业可设立此岗位;此岗位可由会计主管兼任。

以上仅是会计电算化岗位责任制设计的主要内容,企业在实施会计电算化的过程中,可根据内部管理制度的要求及实际工作的需要进行适当的调整。由本单位人员进行财务软件开发工作的,还可以设置软件开发岗。小型企事业单位设立电算化会计岗位的,根据实际需要,可对电算化会计岗位进行适当的合并。

（二）会计电算化操作管理制度设计

企业开展会计电算化,应根据实际工作需要,设计符合实际情况的会计电算化操作管理制度。其主要内容如下：

（1）明确规定上机操作人员操作财务软件的工作内容和权限,严格管理操作密码,指定专人定期更换密码,杜绝未经授权人员操作财务软件。

（2）预防已输入计算机的原始凭证和记账凭证等会计数据未经审核而登记机内账簿。

（3）操作人员离开机房前,应执行相应命令退出财务软件。

（4）根据本单位实际情况,由专人保存必要的上机操作记录,记录操作人员、操作时间、操作内容、故障情况等内容。

（三）计算机硬件、软件和数据管理制度设计

企业开展会计电算化,应根据实际工作需要,设计必要的计算机硬件、软件和数据管理制度。其主要内容如下：

（1）保证机房设备安全和计算机正常运行是开展会计电算化的前提条件,企业要经常对有关设备进行保养,保持机房和设备的整洁,防止意外事故的发生。

（2）确保会计数据和财务软件的安全保密，防止对数据和软件的非法修改与删除；对磁性介质存放的数据要做双备份。

（3）在对正在使用的财务软件进行修改、对通用财务软件进行升级以及对计算机硬件设备进行更换的过程中，要保证实际会计数据的连续和安全，并由有关人员进行监督。

（4）健全计算机硬件和软件出现故障时进行排除的管理措施，保证会计数据的完整性。

（5）健全必要的防止计算机病毒侵入的措施。

（四）电算化会计档案管理制度设计

企业开展会计电算化，应根据实际工作需要，设计必要的电算化会计档案管理制度。其主要内容如下：

（1）电算化会计档案包括存储在计算机硬盘中的会计数据、以其他磁性介质或光盘存储的会计数据和计算机打印出来的书面等形式的会计数据；会计数据是指记账凭证、会计账簿、会计报表（包括报表格式和计算公式）等数据。

（2）电算化会计档案管理是重要的会计基础工作，企业要严格按照财政部有关规定的要求对电算化会计档案进行管理，并由专人负责。

（3）对电算化会计档案要做好防磁、防火、防潮和防尘工作，重要电算化会计档案应准备双份，存放在两个不同的地点。

（4）采用磁性介质存储的会计档案，要定期检查，定期进行复制，防止因磁性介质损坏而使会计档案丢失。

（5）通用财务软件、定点开发财务软件、通用与定点开发相结合的财务软件的全套文档资源以及财务软件程序，视同会计档案加以保管，保管期截至软件停止使用或有重大更改之后的5年。

二、会计电算化系统的相关管理工作设计

会计电算化系统的运行需要企业设计规范的运行管理制度，在正常运行出现问题的情况下，必须进行故障诊断并加以解决。

（一）财务软件的数据备份与恢复制度设计

会计电算化系统中，对会计数据的管理是保证系统数据安全和可靠的重要方法，其中数据的备份与恢复是数据管理的最主要方面。

数据的备份即将计算机硬盘上存储的数据备份到软盘或数据磁带上。企业可建立以下财务软件数据备份制度：

（1）每天关机前进行备份。备份时至少备两份且存放在不同地点。备份软盘可以循环使用,备份数据保留到下次系统运行时为止。每次备份是删除原有数据并将新数据拷贝到软盘上。

（2）每次备份都在软盘标签上写明备份时间及责任人,以免恢复数据时发生错误。为此可设计标准格式的软盘标签以规范标注工作。

（3）对于单机系统,凡具有数据输入或系统设置权限的人员都应有数据备份权限,以便输入或设置后能够及时进行备份;对于联网系统,应设专人负责备份。

（4）对各种交存和借阅的磁介质档案实行严格的登记与监督,并注意做好磁介质档案的防高温、防磁、防霉、防盗工作。

（5）财务软件源程序和系统开发过程中形成的文档资料必须严格保管,借阅应进行登记,并严格控制借阅范围,一般情况下,系统操作人员无权借阅。

（6）对每日备份的机内数据资料的软盘或磁带实行专人保管并设立登记制度。

（7）每年结账后将磁介质档案翻录成只读光盘予以保存。

（二）财务软件的二次开发工作设计

商品化财务软件是财务软件公司根据大多数企业的应用模型而开发的通用性较强的财务软件;针对特殊行业或某个有特殊需求的企业,财务软件公司有时需要对通用的商品化财务软件产品进行二次开发(或客户化),以满足用户的一些特殊需求。

对于大多数企业而言,一般可以通过调整业务处理流程来优化管理。由于二次开发需要一定的人员、时间与费用投入,而且开发能否取得成功也存在未知性,还会给财务软件在未来的升级带来问题,因此在决定是否进行二次开发时,企业应在二次开发与调整业务处理流程之间做好平衡。对确实需要进行二次开发的企业,应在财务软件开发商或咨询公司的指导下按以下步骤设计开发：

（1）做好业务需求分析工作。

（2）对二次开发进行系统设计。在进行系统设计时,应弄清财务软件产品中相关数据库的结构,以便与通用财务软件产品之间能够很好地衔接。

（3）组织软件开发。从事二次开发的软件开发人员必须掌握已购买的商品化财务软件的开发平台或财务软件产品自身提供的开发工具。

（4）系统测试。在完成二次开发后,企业应对新开发的功能进行仔细测试,功能只有通过测试才能投入正常使用。

（5）操作培训。在二次开发完成并通过测试后,企业应对操作人员进行培训。

（6）二次开发维护。企业完成二次开发工作并将软件投入实际运行后,系统维护人员还应对系统运行提供维护服务。

（三）建立严格的防范计算机病毒侵入制度

计算机病毒是危害计算机信息系统的一种手段，其传播泛滥的客观效果是危害或破坏计算机资源。防范计算机病毒侵入的主要措施包括：

（1）及时下载最新系统安全漏洞补丁，利用如 Windows Update 功能修复漏洞。

（2）及时更新计算机的防病毒软件、安装防火墙。选择具备"网页防火墙"功能的杀毒软件，每天升级杀毒软件病毒库，定时对计算机进行病毒查杀，上网时开启杀毒软件进行全程监控。

（3）定期做好重要资料备份，不随便打开来源不明的 Excel 或 Word 文档或者网页，不访问非法网站，并且开启实时监控，以免受到病毒的侵害。

（4）将应用软件升级到最新版本，包括各种即时通信工具、下载工具、播放器软件、搜索工具条等。

▶▶▶ 复习题

1. 什么是会计电算化及会计电算化制度？
2. 设计会计电算化制度的要求是什么？
3. 简述会计电算化内部控制系统设计的内容。
4. 简述会计电算化软件各子系统日常处理的设计。
5. 简述会计电算化内部控制系统设计的总目标和子目标。
6. 试述会计电算化内部控制系统的分类。
7. 简述会计电算化系统的一般控制设计的内容。
8. 简述会计电算化系统的应用控制设计的内容。
9. 简述会计电算化系统内部管理制度设计的内容。
10. 在会计电算化系统相关管理工作设计中，哪方面的内容最重要？为什么？
11. 计算机感染病毒后的主要表现有哪些？计算机病毒的主要危害是什么？

▶▶▶ 思考设计题

1. 如何按企业规模设计电算化会计岗位？
2. 医院、高校实行会计电算化与企业有何不同？
3. 财务软件二次开发的核心是什么？

第十一章　内部稽核设计

[知识目标]

1. 了解内部稽核的职责与范围。

2. 明确内部稽核的基本程序与方法。

3. 熟悉会计错误与会计舞弊的异同。

[能力目标]

1. 能举例说明内部稽核的基本方法。

2. 能掌握主要交易或事项循环稽核的基本技能。

导入案例

请认真阅读以下案例并思考三个问题：

1. 司法会计鉴定报告、内部稽核报告、审计报告有何异同？

2. 本报告稽核的主要内容是什么？内部稽核与外部审计有何关系？

3. 在本报告描述中，审计人员使用了什么方法？这些方法能否在内部稽核中应用？

关于 A 公司出纳 B 挪用资金的司法会计鉴定报告(节选)

1. 鉴定对象简介

鉴定对象为××县××有色金属有限责任公司(以下简称"A 公司")原出纳×××(以下简称"B")是否挪用资金、挪用资金的方式、挪用资金的时间及挪用资金的数额。

2. 鉴定过程及鉴定方法

(1) 鉴定的起止时间:2023 年 8 月 21 日至 2023 年 8 月 22 日。

(2) 鉴定主要操作程序：

① 组成×××等 6 人鉴定小组,制订鉴定方案；

② 听取相关人员介绍案情,明确鉴定目的；

③ 现场获取相关资料；

④ 收集其他相关资料；

⑤ 分析相关资料，得出结论。

（3）鉴定方法：首先对 A 公司所提供的中国银行户名为 B，存折号码为 360011××××××的存折三页（时间为 2022 年 12 月 31 日至 2023 年 6 月 13 日）中的入账数额进行累加，减去已入公司账的数额和短信服务费，加上利息收入，再考虑存折的期末余额和未入账尾数等因素，最后构成相关数据的勾稽关系。

3. 检材分析

（1）A 公司提供的中国银行户名为 B，存折号码为 360011××××××的存折三页（时间为 2022 年 12 月 31 日至 2023 年 6 月 13 日）中的入账数额是 2 498 939.00 元，其中 2023 年 5 月 16 日转存的 1 870.00 元属于误存，并于 2023 年 6 月 17 日如数现取，并不构成入账收入。

（2）A 公司提供的会计账簿、会计凭证、会计报表等会计资料中反映：

① 2023 年 4 月××号记账凭证入账上述收入款项计 587 327.51 元；

② 2023 年 4 月××号记账凭证入账上述收入款项计 534 139.78 元；

③ 2023 年 5 月××号记账凭证入账上述收入款项计 98 789.00 元；

④ 2023 年 6 月××号记账凭证入账上述收入款项计 849 890.63 元；

⑤ 2023 年 7 月××号记账凭证入账上述收入款项计 203 428.65 元。

以上共计入账 2 273 575.57 元。

（3）短信服务费共计 25.00 元。

（4）利息收入 870.64 元。

（5）依据以上因素应形成以下勾稽关系：

A 公司提供的中国银行户名为 B，存折号码为 360011××××××的存折余额 = 期间内相关收入入账数额 − 已入公司账户数额 − 短信服务费 + 利息收入 = 2 498 939.00 − 2 273 575.57 − 25.00 + 870.64 = 226 209.07（元）。

但存折实际余额是 1 209.07 元，两者差额 = 226 209.07 − 1 209.07 = 225 000.00（元），与 B 于 2023 年 5 月 24 日出具的人民币 225 000.00 元欠条数额相符；从数额关系来看，与 2023 年 3 月 11 日现取 120 000.00 元、2023 年 4 月 23 日现取 25 000.00 元、2023 年 4 月 30 日现取 11 000.00 元、2023 年 5 月 6 日现取 34 000.00 元、2023 年 6 月 15 日现取 35 000.00 元之和形成了勾稽关系；并与 A 公司出具的 B 挪用具体数额及时间说明一致。

七、鉴定结论

1. B 于 2023 年 3 月 11 日以现取方式挪用了 A 公司主营业务收入款项 120 000.00 元,至鉴定日期即 2023 年 8 月 21 日共计 5 个月又 10 天;

2. B 于 2023 年 4 月 23 日以现取方式挪用了 A 公司主营业务收入款项 25 000.00 元,至鉴定日期即 2023 年 8 月 21 日共计 3 个月又 29 天;

3. B 于 2023 年 4 月 30 日以现取方式挪用了 A 公司主营业务收入款项 11 000.00 元,至鉴定日期即 2023 年 8 月 21 日共计 3 个月又 22 天;

4. B 于 2023 年 5 月 6 日以现取方式挪用了 A 公司主营业务收入款项 34 000.00 元,至鉴定日期即 2023 年 8 月 21 日共计 3 个月又 15 天;

5. B 于 2023 年 6 月 15 日以现取方式挪用了 A 公司主营业务收入款项 35 000.00 元,至鉴定日期即 2023 年 8 月 21 日共计 2 个月又 6 天。

第一节　内部稽核的职责与范围

内部稽核是由会计主管及会计人员依据会计法规进行的一种稽核。内部稽核的主要内容包括计划审核、财务审核、全面稽核与重点稽核。计划审核是指对计划与预算的制定、执行与控制所进行的审核;财务审核是指对现金及其他财物的处理程序所进行的审核;全面稽核一般是指定期对所有的会计事务进行的稽核;重点稽核是指不定期地根据需要对重点的会计事务进行的稽核。内部稽核的实施方式一般是书面审核与实地抽查相结合,并应划分层级,规定稽核的范围。

拓展阅读

一、内部稽核的职责

内部稽核的职责主要包括:

(1) 依照《会计法》、国家统一的会计制度及有关会计规章的规定办理。

(2) 单位及附属机构实施内部稽核应由会计人员执行,未设会计岗位的机构应由指定兼任的会计人员执行。

(3) 单位附属机构日常会计事务的稽核由各机构会计人员负责初核,单位会计人员负责复核,内部审计人员负责抽查。

(4) 单位本身日常会计事务的稽核由单位会计人员负责初核,内部审计人员负责抽查等。

二、内部稽核的范围

(一)会计事务稽核

会计事务稽核主要包括对凭证、账簿、报表及有关会计事务处理程序的稽核。其主要内容如下:

(1) 对于不合法的会计程序或会计文书,会计人员应督促更正,对于不更正者,应拒绝办理并报告上级主管。

(2) 各单位与现金、票据、证券收付相关的会计凭证,未经会计主管或其授权人签名或盖章,不得执行。对外的收款收据,未经会计主管或其授权人签名或盖章,不得生效。

(3) 会计人员审核原始凭证,发现有下列情形之一者,应拒绝签署:未注明支出或用途有关依据的;按照法律应有的主要原始凭证缺少或形式不具备的;未经所发生事项的主管或主办人员签名或盖章的;未经经手人、验收人及保管人签名或盖章的;应附品质或数量验收证明而不附的;未经主办人员签名或盖章所发生的财物增减、保管、转移事项;原始凭证上数字或文字有涂改痕迹而未经负责人员签名或盖章证明的;原始凭证上表示金额或数量的文字、号码不符的;其他与相关法规不符的。

(4) 会计人员审核记账凭证,应注意的事项包括:是否根据合法的原始凭证编制;会计科目、子目的使用是否正确,是否存在误列的情况;摘要栏记录事由是否简明扼要,是否与相关原始凭证相符;是否与相关原始凭证所载金额相符;是否载明相关原始凭证的种类、页数、号数、日期等。

(5) 会计人员审核账簿,应注意的事项包括:各类账簿的设置是否符合国家统一的会计制度的规定;各种账簿记录与记账凭证是否相符,各项账目是否完整登记;现金日记账每日收付的总金额、余额是否与总账及明细账现金科目当日收付及结余额相符,各明细账余额之和是否与总账相关科目余额相符;是否按时登记各类明细账,并按月与总账相关的统制科目核对,二者是否相符;账簿的登记、装订、保管及存放地点是否妥善;账簿是否按规定年限保管,销毁时是否按规定程序办理。

(6) 会计人员审核会计报表,应注意的事项包括:会计报表的种类及格式是否符合国家统一的会计制度的规定,是否适合单位管理的需要;是否根据会计记录编制会计报表,是否方便核对;会计报表的编报期限是否符合规定;会计报表所列数字的计算是否正确;会计报表所列数字或文字的更正是否符合规定等。

(7) 会计人员审核期终结账,应注意的事项包括:预收及预付款项与递延收益及递延费用时效到达或消失者,有无按期结转,预收及预付款项有无列账说明;应收及应付款项有无根据相关凭证计算列账,有无漏列情况;等等。

（二）经营预算稽核

经营预算稽核主要包括对预算收支估计、汇编及预算执行控制的稽核。其主要内容如下：

（1）会计人员审核经营预算的编制，应注意的事项包括：销售部门提供的预算年度的销货收入预测是否与单位经营目标相配合，是否与以往年度经营状况和今后发展趋势相一致；生产部门提供的产品数量预测是否与销货数量相配比；生产部门提供的耗用原料预测是否与产品生产计划相协调，与过去原料耗用相比有无显著出入；原料采购计划是否根据存货政策及采购政策制订，价格预测是否合理；等等。

（2）会计人员审核经营预算的控制，应注意的事项包括：年度预算核准后有无按季、月制订执行计划，是否进一步预测未来执行情况；是否按季、月进行实际与预算的比较，比较结果是否反馈给相关单位；是否认真研讨实际与预算之间的差异及其原因；是否针对存在的问题采取纠正措施。

（3）会计人员审核资本预算的编制与执行，应注意的事项包括：资本预算的个案建议是否通过充分的研究论证，成本与效益是否相适应，有无书面评估资料；个案建议是否适应单位长期发展需要，单位有无长期发展规划，个案建议是否纳入规划管理；资本预算是否经过有关部门审议及单位领导核准；年度资本预算核准后，是否按预期进度编制分期支付计划；预算支出有无严格的核准手续；是否严格控制资本预算的变更；年终是否对资本预算执行情况进行考核，针对存在的问题是否采取纠正行动。

（三）财务变动稽核

财务变动稽核包括对购买、定制、营建及变卖财物处理程序的稽核。其主要内容如下：

（1）会计人员审核财物购买及款项支付是否符合计划进度和规定，是否进行了完整的登记，契约及采购、买卖合同等是否经会计人员事前审核及签章。

（2）会计人员审核财物购买、变卖及修缮工程时，应注意下列事项：财物购买、变卖及修缮工程有无预算及预算是否与用途相符，数额是否在预算范围内，事前是否办理申请、核准；日常使用的大批原料和物料及其他物品是否根据存量及耗用情况申请采购与配发使用，经济采购量与存量控制制度是否适当；等等。

（四）财务出纳稽核

财务出纳稽核包括对现金、银行存款、票据、证券等财务日常处理手续及保管的稽核。其主要内容如下：

（1）现金、银行存款、票据及证券收付是否按照规定的程序处理，是否根据凭证随时登记和完整登记。

（2）单位及附属机构是否按限额库存现金,有无超额库存,有无现金闲置等现象。

（3）各单位备用金金额是否适当,有无按期报销,有无妥善保管。

（4）各单位是否存在营业时间外收付款项现象,如有,其处理手续是否完备严密,保管是否安全。

（5）现金、票据、证券实际结存额与账表是否相符,是否按期与银行就银行存款进行对账、调节。

（6）各单位预领的零用金,有无进行不定期检查,每次检查是否进行登记。

（7）现金、票据、证券等保管是否良好,有无进行不定期抽查,抽查后有无记录。

（8）现金等保管设备是否牢靠完善,钥匙及密码锁暗锁是否由指定人妥善保管,库房是否采取防潮、防盗、防震及其他安全措施。

第二节 内部稽核的程序与方法

一、内部稽核的程序

内部稽核不同于内部审计、外部检查,内部稽核工作主要由会计人员或相关业务人员兼任,一般由负责下一段业务处理的人员兼做上一段业务处理的稽核工作,以期即时稽核、即时纠正,达到自我牵制、自我控制的功效。

稽核要掌握最基本的三个步骤：

一是查明事实。了解被稽核业务究竟是如何处理的,从多方面收集证据,评定证实被稽核业务的真实面目。

二是衡量是非。将需要查明的事实与相关制度、程序、标准、定额等进行比较,分析其处理是否合法、正确,有无不妥之处。

三是得出结论。在分析比较结果的基础上,得出原因何在、结果如何、如何纠正等方面的结论。

对于定期、正规的稽核工作,还须遵循稽核准备、稽核实施、稽核分析、稽核报告等四个方面的要求,其具体工作内容如下：

（1）稽核准备。明确稽核的目的和范围;稽核前要收集拟稽核项目的背景资料;针对拟稽核项目确定稽核方式,即明确具体项目的稽核目的、稽核内容、稽核顺序与抽查范围及程度;明确稽核人员及工作分配。

（2）稽核实施。包括制度稽核和作业稽核两方面内容。其中,制度稽核的重点内容包括:例行作业有无可遵循的明文规定;现行的规定是否合理,是否与单位政策一致;是否明确操作流程;是否贯彻落实牵制原则;是否有效使用现有资源;是否因内外部环境变化而修订现行规定;制度是否适用对现行业务的处理。作业稽核的重点内容包括:实际业务处理与制度规定是否一致;各项原始凭证与经办手续是否有案可循;作业方式是否前后一致。

(3) 稽核分析。稽核分析是指找出发生问题的所有因素,分析各因素彼此间的关系,决定各因素重要性的先后次序,研究各种可能的解决方案,与相关人员沟通各种可能的解决方案,选择最适当、可行的方案。提出方案建议时,应站在管理者的客观立场,并考虑实务上的可操作性。

(4) 稽核报告。稽核报告主要有:文字报告,可永久保存,避免疏忽;口头报告,多用于急于交换意见而采取行动时,使用灵活,之后均应补交文字报告。报告必须具备以下内容:前言;目的与范围;稽核时间与过程;查核结果,包括应有的作业标准、实际的作业情形、偏离标准的差异、差异的影响、造成差异的原因;改善建议。报告编制过程主要包括起草、初稿后协调及核定后发出。

二、内部稽核的方法

内部稽核人员在进行内部稽核时主要采用资料检查法和资产检查法,具体方法如下:

(1) 审阅法。通过仔细观察和阅读有关书面资料取证。通过审阅来鉴别书面所反映的经济活动是否准确、真实、合理、合法。阅读法可以取得直接证据和间接证据。

(2) 复核法。复核有关资料提供的数据指标。通过重新计算有关数据指标,验证其是否正确。

(3) 核对法。将书面资料的相关记录之间或书面资料的记录与实物之间进行相互勾对,以验证其是否相符。按照复式记账原理,核算的结果、资料之间会形成一种相互制约关系,而有关人员无意的工作差错或故意的舞弊行为都会使制约关系失去平衡。

(4) 盘存法。通过对有关财产物资的清点、计量来证实账面反映的财产物资是否确实存在。按具体做法的不同,分为直接盘存和监督盘存。盘存方法可用来证实财产物资的实有情况,并与会计记录进行比较,借以发现差异。

(5) 函证法。查账人员根据稽核的具体需要,设计出一定格式的函件并寄给有关单位和人员,根据对方的回答来获取某些资料,或对某问题予以证实。

(6) 观察法。检查人员通过实地观看取得证据。观察法除用于对被检查单位经营环境的了解外,主要用于内部控制制度的遵循测试和财产物资管理的调查,通常结合盘存法、询问法使用。

（7）鉴定法。当需要证实的经济活动、书面资料及财产物资超出稽核人员掌握的专门专业技术时，应另聘有关专家运用相应的专门技术和知识加以鉴定证实。鉴定法主要应用于涉及较多专门技术问题的稽核领域，也应用于一般稽核难以辨别真伪的场合。

（8）分析法。通过对被稽核项目有关内容的对比和分解，找出差异及构成要素，为进一步检查提供线索。稽核工作中采用的分析法主要有比较分析、平衡分析、科目分析和趋势分析等。

（9）推理法。稽核人员根据已经掌握的事实或线索，结合自身的经验并运用逻辑方法，确定一种方案并推测实施后可能出现的结果。推理法的应用有利于把握稽核的对象和选择最佳的稽核方法。其步骤是：提出恰当分析，进行合理推理，进行正确判断。

（10）询问法。稽核人员针对某个或某些问题，通过直接与有关人员进行面谈，取得必要的资料从而证实某一问题。按询问对象的不同，询问法可分为对知情人的询问和对当事人的询问。

（11）调节法。审查某一经济活动时，为验证其数字是否正确，而对其中某些因素进行必要的增减调节，从而求得需要证实的数字。

第三节 会计错误与会计舞弊的稽核

防止和减少会计错弊的发生，避免财产损失是会计机构内部稽核的根本目的。会计错弊包括会计错误和会计舞弊两种含义。会计错弊与会计原则、会计目的相悖，不利于充分发挥会计职能，导致会计资料之间或会计资料与实际经济活动之间不相符。

一、会计错误的特征

从理论上讲，会计错误可能掩盖某种事实，甚至影响财务状况的正确反映和资金的正确分配，但认定会计错误要掌握其基本特征。会计错误的特征主要有以下三个：

（1）会计错误的发生纯粹是经办人员专业能力不足、经验欠缺而导致的一种疏忽和过失行为，没有任何不良企图。

（2）造成会计错误的原因很多，从其表现形式来看主要有运用会计原理不当、会计人员疏忽、会计人员对有关法规不熟悉、企业管理不当。

（3）所发生的会计错误违反了真实性、合法性和适当性的原则，不能如实反映经济活动情况。

二、衡量会计错误和会计舞弊的标准

衡量会计错误的标准有：

（1）针对会计核算的各个环节所做的会计处理以及通过会计核算所提供的会计资料是否符合经济活动的客观事实。

（2）会计核算和会计资料是否符合会计原理。

（3）所有的经济活动、财务收支以及会计处理是否完全符合规定的程序和方法，是否符合会计法规和国家统一的会计制度。

衡量会计舞弊的标准有：

（1）公共财产是否受到损失。由于账务上的造假使公共财产遭受损失的，即属于会计舞弊。

（2）蒙蔽真相，欺骗国家。由于掩饰真实情况，在会计上虚假记录而使国家或单位受害的，即属于会计舞弊。

（3）是否利用职权牟取私利。凡是利用自己的职权牟取私利，造成会计记录失实的，即属于会计舞弊。

第四节 销货及收款循环的稽核

一、销货及收款循环稽核的内容

销货及收款循环稽核主要包括对制度规程的稽核和对主要作业的稽核两方面内容。对销货及收款循环制度规程方面的稽核，主要是查明单位有无制定合理的职能目标、产品发展规划、产品发展程序、产品管理责任、销售政策、行销协调政策、预算编制与执行政策等。对销货及收款循环主要作业方面的稽核包括以下七个方面：①稽核产品销售策略的研究与制定情况；②稽核产品的设计及推广情况；③稽核产品的管理情况；④稽核产品的广告制作情况；⑤稽核供销活动情况；⑥稽核销售处理情况；⑦稽核客户认可情况。

二、销货及收款循环稽核的工作重点

1. 授信作业

授信作业的稽核重点如下：

（1）有无收集和整理有关客户授信资料并注明其财务及信用状况。

(2) 有无设卡详细登记有关赊账情况,是否存在超额授信情况。

(3) 对客户授信总额的拟定是否充分考虑其信用、担保与抵押额度。

(4) 对信用不良或曾有退票不良记录的客户或保证人是否变更其交易形态。

(5) 抵押权的设定是否取得合法的权利证明材料。

(6) 赊销客户是否填妥担保合同,是否至少每年重新办理对保工作,并由第三者每半年对保一次。

2. 售价作业

售价作业的稽核重点如下:

(1) 底价的确定是否考虑成本及市价或同业参考价,下浮是否合理。

(2) 售价低于底价是否获得批准,且其理由是否充分。

(3) 实际收款的单价与确定的售价是否相符。

(4) 应收账款对账单所载明的收款内容有无异常,若有差异,则其原因是否合理。

3. 发票作业

发票作业的稽核重点如下:

(1) 已出货的送货单是否均已开出发票。

(2) 送货单未附发票者,在预收货款时是否均开出发票。

(3) 发票中填列的品名、数量与订货单、出货单中的内容是否相符。

(4) 发票存根联与客户收执联的内容是否一致。

(5) 抵押权的设定是否取得合法的权利证明材料。

(6) 作废发票是否全联保管,作废理由是否适当。

4. 客户投诉处理作业

客户投诉处理作业的稽核重点如下:

(1) 客户投诉案件发生时,业务部门是否填写"客户投诉问题处理报告",并通知有关部门协助调查,确定责任归属。

(2) 客户投诉案件是否按规定期限进行处理。

(3) 客户投诉责任确定后,是否按规定进行行政处分或罚扣奖金等。

(4) 对客户投诉的事件是否及时处理并予以答复。

(5) 对客户所提意见是否分类统计、分析并对照检查。

5. 销货退回及折让作业

销货退回及折让作业的稽核重点如下:

(1) 销货折让申请单、发票、客户投诉问题处理报告、销货退回折让证明单等与账簿记录是否一致。

（2）收款通知单所载折让、折扣是否属实，是否经相关主管审核批准。

（3）退货较多的产品有无特殊原因。

（4）退货是否按规定登账，是否按规定扣除绩效奖金或销货报酬。

（5）退货是否符合批准程序，理赔是否合理，有无检讨改进。

6. 销货收入与应收账款作业

销货收入与应收账款作业的稽核重点如下：

（1）各月发票所载营业收入与账簿记录是否一致。

（2）现销与库存现金明细账、银行存款明细账是否核对一致，赊销与应收账款明细账是否核对一致。

（3）出货单、销货发票是否连续编号，有无涂改、销毁等现象，若有是否经过批准程序，出货单与销货发票的内容是否一致。

（4）编制应收账款账龄分析表，并列明超过规定期限尚未收回款项的债务人、金额及未收回原因等，便于追查。

（5）应收账款明细账、总账以及原始凭证的内容是否一致。

（6）呆账原因及呆账冲销是否办理批准手续，冲销金额及事实是否经查证属实。

（7）因销货退回及折让所发生的应收账款减少是否经主管审核批准，并分析退货及折让发生的原因。

7. 销货成本及毛利作业

销货成本及毛利作业的稽核重点如下：

（1）检查直接材料耗用数量及耗用率，并与计划及上期比较，看其有无升降，若有则分析其升降的原因。

（2）检查直接人工耗用情况、间接费用分摊情况，并与计划及上期比较，看其有无升降，若有则分析其升降的原因。

（3）查明各项推销成本的归属，并与计划及上期比较，看其有无升降，若有则分析其升降的原因。

（4）分别计算主要产品、主要销售地区的毛利率，并与计划及上期比较，看其有无升降，若有则分析其升降的原因。

第五节　采购及付款循环的稽核

一、采购及付款循环稽核的内容

采购及付款循环稽核主要包括对制度规程的稽核和对采购授权的稽核两方面内容。

对制度规程方面的稽核,主要是查明单位有无制定合理的供应商关系准则、比价的要求、采购来源的符合度、互惠原则、授权(批准)采购的阶层、职务上的禁止行为、订单追踪控制、不合规程序的处理等。

对采购授权方面的稽核,首先要检查授权采购程序是否适当。然后要检查实际采购中程序是否得到遵循,有无偏差及偏差的原因,责任归属;既定的程序是否恰当;特殊采购是如何核准的;等等。

采购方面关于特殊项目稽核的主要内容包括:政策与既定程序的准确性,各步骤时间安排的合理性,零星或分散采购集中的可行性,未授权项目的采购情况,预先约定采购价格的必要性,内部记录与相关程序的效率,采购人员能力综合评价,采购处理是否以追求企业利益最大化为目标,采购工作是否充分发挥集体精神,过分紧急订单的内容、次数及其原因,等等。

二、采购及付款循环稽核的工作重点

1. 采购预算作业

采购预算作业的稽核重点如下:

(1) 采购预算的编制是否与销售、生产计划相匹配,是否考虑存货政策及采购政策。

(2) 是否考虑存量管理。

(3) 实际情况是否符合预算,有无严格控制,采购是否根据生产用料及库存等情况灵活调整。

(4) 是否查明导致实际采购与预算之间出现量差和价差的原因,并做适当的调整。

2. 请购作业

请购作业的稽核重点如下:

(1) 各类别材料、商品是否由负责请购的部门填制"请购单",按核决权限呈核后,再移交采购部门办理。

(2) 请购单的编号是否连续,空白及作废的请购单是否妥善保管。

(3) 请购单内容填列是否翔实,是否经过权责主管核签后方作为采购依据。

(4) 请购单上所列货品规格、数量等若发生变更,是否经有关单位批准同意。

(5) 紧急采购是否经常发生,其理由是否正当。

3. 采购作业

采购作业的稽核重点如下:

(1) 采购人员是否选用最节约成本的方式采购。

(2) 各种采购作业是否按规定的期限采购,若有变更,是否按有关规定通知请购部门。

（3）除特殊情况外，同种商品、材料是否在三家以上单位采购。

（4）有无建立供应商档案，其资料是否齐全并不断更新。

（5）个案采购工作的资料（如询价单、报价单、订单）是否齐全，是否前后一致，是否按规定程序办理。

（6）订单或合同中，货品名称、规格、单位、数量、总价、交货期限、交货地点、包装、运输方法、运费、付款方法、验收、保险等是否完备，内容是否合法。

（7）有无完整的市场调查资料，每次询价有无记录。

（8）办理比价、议价、招标是否符合规定。

4. 验收作业

验收作业的稽核重点如下：

（1）采购单位是否同使用单位、验收单位及有关部门共同验收。

（2）有关技术部门是否指派专门技术人员负责验收。

（3）短交是否以补足为原则，超交是否以退回为原则。

（4）货品不符合标准但尚可使用者是否予以扣款，无法使用者是否退回。

（5）货品分批收取有无收足，如遇短缺、瑕疵、破损有无立即处理。

（6）仓库门卫是否记录进货事项，检验人员是否依据进货发票上的品名、货号、数量、单价逐一点检，并依据实收情况登记入库单。

（7）检验人员验收时，遇有货品不符、标签不合的情况，是否做适当处理。

（8）对送货退回事项是否按规定开立退货单，交检验人员或仓库门卫，检查其品名、数量是否一致。

5. 不履行合约或罚款作业

不履行合约或罚款作业的稽核重点如下：

（1）对延期交货者是否按合同规定罚款。

（2）所交货品的质量与规格与合同不符，如因急需已验收使用，事前有无经主管认可，是否进行了扣款或减价处理。

（3）如货品因检验不合格退回更换，或供应商因故申请延期交货，事先是否报请有关主管同意，并确定逾期和其他处理办法。

（4）因供应商违约需另行采购而超出原采购损失部分，其差额是否由原合同供应商负担，如未付款者是否办理扣款。

（5）供应商发生违约或索赔事件，是否登入供应商资料卡以免事件重复发生。

（6）对逾期已久未交货的合同是否逐项查核。

（7）违约扣款是否列账，或有无变相抵销其他科目。

第十一章 内部稽核设计

6. 仓储管理作业

仓储管理作业的稽核重点如下：

（1）商品、材料是否依类别分存各库，各库是否分别设仓，各仓是否分别设架并分格编号，编号是否清晰、是否有规律、是否有利于便捷收货或发货。

（2）库房安全措施是否完善，如承载量是否合适，有无加锁，消防设施是否充足，温度、湿度能否调节，易燃、易爆物料是否隔离保管，有无安全警示标识，有无办妥足额保险等。

（3）供应商交运货品时，是否核对送货单、发票、装箱单等单据并与请购单内容核对后办理收货手续。

（4）交货数量超过或未达购量部分是否做妥当处理。

（5）供应商送货是否即时进行质量检验并办理验收手续。

（6）所有领料是否均根据正式核准的领料单办理。

（7）领料异常时是否查明原因，对于已领料未办手续者或已办手续未领料者有无追踪控制。

7. 付款作业

付款作业的稽核重点如下：

（1）会计部门是否按规定审查采购付款的所有凭证。

（2）国内采购是否在办妥验收手续后，检齐有关凭证送会计部门审核并编制传票付款。

（3）国外采购是否根据报关资料办理结汇手续。

（4）交期延误或质量不符的采购，是否按合同规定予以扣款或罚款。

（5）出纳付款是否根据会计部门填制的传票签发支票，签发支票是否划线，并在发票人签章处加盖"禁止背书转让"戳记。

（6）预付款项部分，传票与原始凭证、请购单、合同、进口报关单等是否相符。

（7）有关银行结汇、海关报关、支付保险公司和运输单位等预付款项与规定是否相符，支付标准是否适当，计费方式是否合理，无支付标准的报关费用是否依权责先报批后支付。

（8）预付款项入账、转销、收回及调整时对应的原始凭证是否经核准，内容是否正常；挂账较久或转销金额与原列金额不符留存尾数尚未冲销者，是否查明原因。

（9）依据应付账款明细表核对明细账、总账是否相符。

（10）依据应付账款明细表观察本期冲销情形，如有久欠未还或性质不明者，应查明原因。

（11）调阅原始文件、合同、凭证，查证应付账款余额是否正确，必要时发函向卖方查证积欠金额。

（12）有无收料后经检验合格、已发领用单位使用而仍未列账及付款等情形，如有应查明原因。

8. 投保作业

投保作业的稽核重点如下：

（1）投保范围、投保申请、续保、灾害索赔等是否按规定办理。

（2）进口物品是否按规定办理投保，保费是否正常。

（3）除事先呈准免保项目外，商品、原材料、在产品、产成品等是否依单位规定办理投保；投保的手续是否齐全、金额是否充足、保费计算是否合理。

第六节　生产循环的稽核

一、生产循环稽核的内容

生产循环稽核包括以下四方面内容：一是对生产制度规程的稽核，二是对生产项目决定及生产规划的稽核，三是对生产作业的稽核，四是对其他活动的稽核。

对生产制度规程的稽核主要是查明单位有无制定合理的生产制度与规程。

对生产项目决定及生产规划的稽核有两个方面：一是要查明生产部门扮演的角色；二是对已定项目生产规划的稽核。

对生产作业的稽核有六个方面：一是要查明原材料使用情况；二是要查明人工使用情况；三是要查明后勤服务是否适当充分；四是要查明生产管制情况；五是要查明产品检验情况；六是要查明报告及成本控制情况。

对其他活动的稽核有三个方面：一是要查明工厂维护情况；二是要查明废弃物控制情况；三是要查明企业安全情况。

稽核人员除对上述事项进行稽核外，还要对生产通知单（制造单）的处理及成本报告进行直接测试。对生产通知单的处理进行测试的办法是，就使用的生产通知单选择有代表性的样本，查核其实际使用情况，并核对下述各步骤的生产时间与产品质量：生产通知单填发的基础，生产部门接受的方式，决定所需的材料，所需材料的申请，所需材料的验收与检验，决定使用的机器及其他内部分工，对生产指令的发布，生产、查验及发货。对成本报告进行测试的方法是，选择适当的内部成本报告，查核其实际使用情况，应注意报告资料的正确性、报告发出的时效性以及根据报告资料所采取的措施与行动等。

二、生产循环稽核的工作重点

1. 生产计划作业

生产计划作业的稽核重点如下:

(1) 查核生产计划的编制是否与销售计划、生产能力、存货政策及人员配置情况相配合。

(2) 除年度生产计划外,为实际控制生产进度,是否按月编制生产进度表,对原材料进厂、生产排程、交货期限等是否做了适当的安排。

(3) 因意外事故致原定生产计划无法落实时,是否即时报请修正,并与销售、采购仓储等部门密切联系,配合修正相关计划。

(4) 生产计划说明书是否由生产部门编制。

2. 制度规程管理作业

制度规程管理的职能包括:①生产标准设定;②生产前准备及生产命令单审核;③制度规程管制及生产记录;④生产进度追踪及交货期异常处理;⑤生产异常处理;⑥成品入库处理。

制度规程管理作业的稽核重点如下:

(1) 核对生产进度表、生产日报表、成品入库单等资料,了解生产部门各制度规程与生产进度是否相符。

(2) 实际生产进度如与预定计划及进度不符,是否及时反映并做必要调整。

(3) 为确保产品质量,在制度规程管理过程中有无取样检查并记录,必要时做适当调整。

(4) 各制度规程规划中定有操作标准者,是否切实执行作业方法及时间安排。

(5) 成品入库是否经验收合格。

(6) 对于正在制造的产品如因客户要求而变更,有无进行良好的控制并由销售部门及时通知生产部门修正。

(7) 生产设备及人力的利用是否注意经常分析研究,设法提高效率,节省人力。

(8) 有无经常注意并设法改善工厂环境卫生,安全维护,废气、废水的排放,噪声的防止。

3. 质量管理作业

质量管理的范围包括:①规范管理;②材料检验;③制度规程质量管理;④成品出厂前质量检查;⑤产品质量确认;⑥质量异常分析及改善;⑦客户投诉处理。

质量管理作业的稽核重点如下:

(1)质量管理月报表、质量检查报告表、客户投诉案件处理等资料与质量检查规范允收、拒收标准是否相符。

(2)质量检查是否分生产部门自主检查与技术部门抽样检查,自主检查是否以全部检查为原则,抽样检查是否具有随机性,样本是否足以代表总体。

(3)对于质量管理,自主检查与其他部门抽样检查能否达到牵制的目的,两者差异过大时是否做适当的复查,检验方式是否合理。

(4)质量管理绩效是否列入绩效考核指标并作为奖罚依据。

(5)技术部门是否依操作规范随时抽检生产部门的自主检查情况;如有差异,是否即时通知更正或修正标准。

(6)分析质量不良原因,除立即请生产人员改善外,是否采取行动分析原因并防止日后发生类似情形。

4. 设备保养作业

设备保养作业的稽核重点如下:

(1)生产设备的保养单位应确实负起保养责任,从设备资料卡、定期检修周期表、保养记录卡的设立到年度(月份)保养计划表、设备改善专案报告表的编制是否均依规办理。

(2)为维护设备、提高生产能力,有无配合生产计划及生产进度,编制年度及月份设备保养计划。

(3)有无建立分级保养制度,一级保养由使用部门负责,每日按保养手册做例行性保养,二级保养由保养部门排定日程做定期保养,三级保养请技术专家做专门性的修理保养。

(4)保养所使用的人力及材料,有无设立记录卡详细登记;实际使用与标准如有差异,有无分析原因、检讨缺失、研究改进,并列为人员考核奖罚的依据。

5. 安全作业

安全作业的稽核重点如下:

(1)生产安全各项作业是否遵照有关规定办理,生产安全应有的各项装备是否充分配置,管理是否妥善,各项防范设备的配置与维护检查是否切实有效。

(2)意外灾害的防范措施是否积极妥善,工伤事故的认定与处理是否符合有关规定。

(3)空气污染、水污染、噪声污染等的测定及防范措施是否确实依有关规定办理。

(4)各项防范设备是否定期检查并善加修护使用。

(5)是否积极注意职业病的调查、预防、处理。

6. 呆废料作业

呆废料作业的稽核重点如下：

（1）呆废料的划分认定标准是否适当，分类代号是否正确；有无故意将良好材料混列呆废料；呆废料的等级及数量有无经呆废料处理专案小组检验验定。

（2）超过3个月未动用或用量未达平均库存25%者，是否列入材料滞存明细表并做适当处理。

（3）与材料盘点表核对，呆废料是否列为盘损，并签请专案处理。

（4）对于生产过程中所产生的废料、损耗，与以往年度比较是否正常，与同业比较是否偏高，是否分析原因并检讨改进。

（5）呆废料的变卖是否经报批后办理，估价是否合理，底价估定及标售等手续是否妥当，交款程序是否符合规定。

（6）有无利用损耗以少报多、企图领取自用者，因尾数、磅差或自然磨损所引起的损耗是否正常。

（7）对于呆废料，是否研究或利用生产技术加工回收、整修等，以更有效地加以利用。

7. 生产成本作业

生产成本作业的稽核重点如下：

（1）领料单是否按规定程序办理，每项材料领用总数及其单位用量与标准或预算成本差额部分有无做差异分析，已有差异分析资料的，查核其是否合理。

（2）领用材料与所制造产品是否有直接密切的关系，如所领材料与所制造产品不相称，应注意核算。

（3）直接材料、间接材料成本的计算是否符合成本会计的规定。

（4）每日人工记录及工作日报表记载是否真实完备。

（5）实际耗用单位工时及人工成本与标准单位工时及人工成本间有无重大出入。

（6）直接人工及间接人工核算是否合理正确，人工成本的计算是否符合成本会计的规定。

（7）生产部门因从事生产所发生的除原材料及直接人工以外的生产成本，以及厂务部门所发生的成本，是否均属于制造费用。

（8）制造费用的内容是否均与制造产品发生关联，分摊方法及比例是否合理。

（9）制造费用实支数是否均在预算范围内，有无特殊情形，分析其原因。

（10）制造费用的报支是否依照会计制度规定的程序办理，服务部门费用的分摊是否合理。

8. 生产绩效作业

生产绩效作业的稽核重点如下：

（1）生产日报表、成品检查日报表是否依规定确实编制，并分送相关部门、人员。

（2）生产异常报告表是否依规定按时呈报并迅速采取补救措施，各单位生产异常发生次数是否偏高。

（3）各项生产绩效标准是否由负责单位确定，不合适的是否加以修正。

（4）个人绩效奖金是否按规定计算核发，奖金计算是否合理，是否具有激励作用。

（5）罚扣及代扣项目是否按规定办理。

第七节　工资循环的稽核

一、工资循环稽核的内容

工资循环稽核主要包括对人事、工资循环制度规程的稽核，对人事规划及发展的稽核以及对现有人事行政的稽核三方面内容。

对人事、工资循环制度规程的稽核，主要是查明单位有无人力资源规划，采用何种招聘政策及程序，有无培训政策与计划，有无职务说明、分析及评估，有无报酬政策等。

对人事规划及发展的稽核，主要是稽核人力资源规划情况、稽核聘用及挑选人员情况及稽核培训教育情况。

对现有人事行政的稽核，主要是稽核职务分析与说明情况，稽核报酬给付情况，稽核绩效衡量情况，稽核调职、升迁及解聘等人事变动情况，稽核人事记录与报表情况，稽核人员指导情况，稽核员工福利情况，稽核服务提供情况，稽核员工安全与伤害赔偿情况，稽核人事关系情况。

二、工资循环稽核的工作重点

1. 任用作业

任用作业的稽核重点如下：

（1）人员的招聘、试用及正式任用是否按规定手续申请核准后办理。

（2）招聘时是否采用登报、介绍等不同方式并经面试、岗前培训、试用阶段，试用合格后是否报批正式任用。

(3) 新进人员有触犯人事管理规则重要情况之一的,均不得聘用。

(4) 凡经聘用的员工是否签订合同。

(5) 员工工资待遇是否符合单位规定标准。

2. 工作时间作业

工作时间作业的稽核重点如下:

(1) 上班时间的稽核重点。①是否按时上班且按规定打卡,有无迟到、旷工的情况;②所填写的出勤确认单是否属实,是否经过报批;③迟到、旷工者是否依照规定惩罚并扣罚工资;④在办公及营业时间内,各部门员工有无不请假外出,或者公务外出单未经主管核签或填写不实的情形。

(2) 下班时间的稽核重点。①是否按时下班,是否早退;②早退是否按照规定惩罚并扣罚工资。

(3) 轮班人员交班的稽核重点。①是否在接班人员未到达工作岗位时即先离开;②因接班延长工作时间,有无按规定给付加班费;③是否每周轮班一次。

(4) 加班时间的稽核重点。①各单位加班时,是否均有加班申请单且经权责主管核准;②加班时数偏高的单位有无异常现象;③员工加班时数有无超过规定的标准,加班费是否按规定计算给付。

3. 请假作业

请假作业的稽核重点如下:

(1) 各项请假的稽核重点。①请假的类别、期限、应附证件及工资计算,是否按人事管理规则的规定办理;②员工请假是否均于事前填妥请假单,并找妥职务代理人,且依核决权限呈核后,送人事考勤部门备查。

(2) 特别休假的稽核重点。①是否按规定给予员工特别休假;②全年所有特别休假天数是否按月排定,应休未休者是否做适当处理。

(3) 其他。凡在一个月内未请假,亦无迟到、早退、旷工者,是否依规定核发全勤奖金,并列入年终考勤资料。

4. 训练作业

训练作业的稽核重点如下:

(1) 新进人员是否依单位规定给予适当的职前训练。

(2) 职前训练能否使新进人员了解单位的沿革、组织架构、企业文化、经营方针、有关规章并熟悉工作环境。

(3) 在职训练是否依人事管理规则的规定办理。

（4）年度训练计划及其实施情况是否与预定计划相符。

（5）训练经费预算编制是否满足实际需要，训练经费使用是否经济有效。

（6）各种不同性质的训练，如职前训练、在职训练、干部教育及储备干部教育或其他必要的训练，是否依实际需要并纳入训练计划。

（7）查核各项训练的实施效果并研究分析其优缺点。

5. 考绩作业

考绩作业的稽核重点如下：

（1）各部门主管对员工进行日常考核，有无适当记录员工日常特殊言行、工作表现，有无定期送请上级主管核阅。

（2）各部门主管对员工进行年终考核，有无制定员工考核办法，现行考核办法是否公平合理。

（3）调查一般员工对单位考核办法的反应，研究分析现行办法的优缺点。

（4）绩效奖金的发放是否合理。

6. 奖惩作业

奖惩作业的稽核重点如下：

（1）各部门主管申请奖励员工是否依规定签报，是否有充分条件及佐证，是否定期发布。

（2）各部门主管申请惩罚员工是否依规定签报，是否经过慎重审议并考虑各项因素后做适当决定。

（3）调查现行奖惩办法的优缺点，以及一般员工对现行奖惩办法的反应。

（4）统计历年来奖惩的增减趋势并分析奖惩中何类事故最为常见。

（5）奖惩时有无给当事人申诉的机会。

7. 晋升作业

晋升作业的稽核重点如下：

（1）最近晋升人员是否确实属绩效优异，有无具体事实证明其能胜任较高职务。

（2）报请晋升人员是否符合单位晋升条件，是否按规定程序报请核定并依权责发布。

（3）现行晋升办法是否确实有鼓励作用，有助于单位提拔优秀人才，提高员工士气。

8. 辞职作业

辞职作业的稽核重点如下：

（1）员工提出辞职是否经过直属主管的谈话、挽留无效后，方予同意。

（2）员工辞职的主要理由是否受外在因素或内在因素的影响。

(3) 查核员工辞职的历年统计资料并观察其发展趋势。

(4) 员工辞职是否在规定时间内提出。

9. 辞退作业

辞退作业的稽核重点如下：

(1) 员工辞退的条件是否符合规定，是否因业务性质变更而有减少劳动力的必要，有无适当的工作可供安置，抑或员工对所担任工作无法胜任方可辞退。

(2) 是否按员工服务年资事先提出辞退的预告。

(3) 辞退费计发标准是否符合规定。

10. 留职停薪作业

留职停薪作业的稽核重点如下：

(1) 员工留职停薪的申请是否符合范围。

(2) 员工是否经核准且办妥工作移交与离职手续。

(3) 员工复职的申请是否按规定办理。

(4) 复职人员的年资计算是否按规定办理。

11. 调职作业

调职作业的稽核重点如下：

(1) 员工调职情形是否确为工作需要，是否经权责主管核准。

(2) 员工调职后，能否胜任新职务，对互调单位工作有无重大影响。

12. 退休抚恤金作业

退休抚恤金作业的稽核重点如下：

(1) 查核员工退休办理情形，其退休条件是否符合法律规定。

(2) 退休金的计算和支付是否符合法律规定。

(3) 退休金的提拨、保管、交付是否依规定办理。

(4) 职业灾害补偿金是否从优支付，是否按期支付。

13. 工资发放作业

工资发放作业的稽核重点如下：

(1) 员工底薪、加班费、各项津贴等是否均依规定计发。

(2) 工资是否如期发放，员工因故未领的工资有无做适当处理。

14. 代扣款处理作业

代扣款处理作业的稽核重点如下：

(1) 代扣员工个人所得税是否按期代扣并逐期报缴。

(2) 代扣劳保费及各项基金等的计算是否正确，是否按规定登账或报缴。

（3）员工因迟到、早退、请假、旷工及违反单位各项规定的应扣款是否在工资项下一次或分次扣收。

（4）其他代扣款是否依代扣办法扣款并报缴。

15. 员工工资记录作业

员工工资记录作业的稽核重点如下：

（1）有无设置永久性的员工人事资料，记载是否完备，有关员工起薪日期、金额、晋升日期、调薪金额、其他津贴等有无详细记载。

（2）查核员工动态资料，如新进人员的录用起薪、调动、退休、资遣等是否随时登记，内容是否正确。

（3）抽查各月工资清册内容是否与人事记录所载相符，工资清册金额小计及合计数计算是否正确，与会计明细账及总账核对是否相符。

（4）员工加班的申请、核准以及加班费的核发，是否依规定办理，加班有无异常情形。

（5）福利金稽核，包括：①福利金的提取及入账情况；②福利金的使用及记录情况；③福利金的结存情况等。

（6）各项福利措施，如餐厅、宿舍、交通工具、技能训练、进修以及其他休闲活动是否分别举办，了解员工对各项福利措施的利用率及满意程度。

第八节　融资循环的稽核

一、融资循环稽核的内容

融资循环主要是单位财务工作的范围，要掌握融资循环稽核，首先要了解财务稽核。如欲对财务进行稽核，必须了解以下事项：会计科目表与科目说明；账簿组织与记录说明；财务控制政策及程序，包括主要作业循环控制程序；普通会计与成本会计簿记方法；其他相关控制制度。财务稽核的主要内容包括制度规程、日常作业、管理规划、资本支出规划与控制、资金需求测定与筹措、税务处理、保险事务、定价抉择八个方面。

二、融资循环稽核的工作重点

1. 公积金与利润作业

公积金与利润作业的稽核重点如下：

（1）核对会计报表列数与明细账、总账是否相符。

（2）编制公积金及利润明细表与总账核对，并分析其变动情形。

（3）各项公积金提取数是否符合法律规定。

（4）调阅原始凭证，检查公积金是否依原指定用途使用以及是否达到原特定目的。

（5）若有提取特别公积金且其特定目的已达成，检查其是否转销或移作他用，注意其转销或移作他用的利弊得失。

（6）应课税的公积金收入有无未列入所得申报。

（7）将公积金科目与本期损益、前期损益、长期借款、公司债务等有关科目相互勾稽。

（8）所得税暂缴申报、改正估计金额是否适当，申报金额计算是否正确，支付所得税凭证与实付是否相符。

（9）未分配利润经分配后，其累积数有无超过规定。

（10）年度利润是否依照公司章程规定分配。

（11）下列各项是否转入"资本公积"科目：①溢价发行的股本；②受领捐赠财产；③处理固定资产盘盈的溢价；④资产重估增值；⑤因股本有关交易而增加的股东权益。

（12）法定公积金是否供弥补亏损及增加股本之用。

（13）资产重估增值的计算是否正确，是否与有关规定相符。

2. 股本作业

股本作业的稽核重点如下：

（1）是否仍有未发行的股本。

（2）股票的鉴证是否委托指定的金融机构办理。

（3）下列各项服务是否委托指定的金融机构办理并签订合约：①股票的过户、质权的设定或削减；②股东或质权人及其法定代理人的姓名、地址及印鉴等的登记或变更登记；③股东及其他关系人就服务关系的申请或报告的受理；④股东名册及附属账册的编制与管理；等等。

（4）公司是否适时刊登公告及通知股东下列有关事项：①召开股东会时，股东会召开日期、股票停止过户日期、利润分配内容、配息基准日；②增资配股时，配股基准日、股票停止过户日期、缴款期限、代收股款机构、配股内容；③增资股票制作及发放、交付股票日期、股票发放及上市日期。

（5）公司是否按期限将下列资料公示备查：①每月董事、监事、经理及持有股份达股份总额一定比例以上的股东股权变动表；②董事、监事、经理及持有股份达股份总额一定比例以上的股东办理质权设定公告通知书；③董事、监事、经理及持有股份达股份总额一定比例以上的股东质权撤销副本；等等。

3. 股务作业

股务作业的稽核重点如下:

(1) 查阅股东名册,抽查办理更换印鉴、股票过户、股票挂失、质权设定、股票遗失补发、户籍或通信地址变更等理由及办理时效。

(2) 抽查股利发放的相关凭证及应付未发的原因。

(3) 查核现行股利发放办法与实际办理情形,并指出应改善之处。

(4) 公司办理增资案,应调阅主管机关及董事会暨股东会核准增资文件。

(5) 空白股票的保管、填发程序是否安全妥当,空白股票应实地盘点并与印制厂商文件核对是否相符。

(6) 本期内若无利润可供分派股利时,由公积金项下发放股利是否符合公司法的规定,以及是否报经证券主管机关核准。

4. 背书保证作业

背书保证作业的稽核重点如下:

(1) 以公司名义对其他公司背书保证的金额以及对单一企业背书保证的金额是否依公司背书保证作业程序的规定办理且报经董事会决议通过,并将办理情况及有关事项报请股东会备查。

(2) 个别保证是否由被保证公司提出申请函并经董事长核准后办理,财务部门是否设立背书保证事项登记簿并由专人保管。

(3) 申请背书保证的公司,有下列情况是否仍接受办理:①所签的背书保证金额已超过规定限额;②有借款不良或债务纠纷记录;③股本额低于资产总额40%。

(4) 公司的背书保证余额是否依规定格式和内容同营业额按月公告,并函证监管会备查。

5. 短期借款作业

短期借款作业的稽核重点如下:

(1) 款项收付的日期、账户、金额是否与账载内容相符。

(2) 利率或代扣利息计算是否正确。

(3) 对账单的回收次数是否合理、经收单位是否合适。

(4) 银行对账单与各账户余额是否相符;经调节后仍不符的,是否查明原因。

(5) 分析借款的利弊得失及其对举债经营与资金调度的影响。

(6) 到期的短期借款是否依约偿付本息,如有延期情形应追查原因。

(7) 短期借款的举借及偿还手续是否符合规定。

(8) 借款若为有担保品者,其收据是否妥善保管,债务清偿时是否办理注销登记或收回担保品。

(9) 短期借款有无用作长期性的支出,以免影响公司的短期偿债能力。

6. 中长期借款作业

中长期借款作业的稽核重点如下:

(1) 调阅原始凭证、合约、会计凭证与账列数是否相符,借款日期、期限、利率、偿还日期、担保情形、限制条件等有无不符。

(2) 贷款利息是否办理扣缴,期末应付利息是否列支。

(3) 若有约定应提偿债基金者有无提列,基金的使用是否合乎规定。

(4) 将于一年内偿付的中长期借款是否转列流动负债。

(5) 中长期借款与银行借款、利息支出等有关科目相互勾稽。

(6) 借款如系指定用途,是否依规定使用,有无移作他用。

(7) 借款合约如订明抵押事项,应注意提交的相关文件及抵押登记是否确实控制,还款时有无及时收回。

(8) 借款到期应偿还时,若财务状况显著衰退且有偿债困难应及早提出,以求解决。

7. 现金作业

现金作业的稽核重点如下:

(1) 索取前一日的现金及银行存款日记账,以及至检查前已执行收付而未登账的收支传票,编制调节表。

(2) 盘点出纳全部现金,核对调节表是否相符。

(3) 核对每日所收款项是否全部存入银行。

(4) 查核有无私用借款欠条。

(5) 查核银行存款余额调节表上调节的各事项期后入账情况及期后对账单。

(6) 暂借款的额度是否合理,有无逾期未报销的情形。

8. 票据作业

票据作业的稽核重点如下:

(1) 核对收款报告单与应收票据明细表并与总账、明细账核对是否相符。

(2) 核对库存票据、已使用票据及购入票据是否相符。

(3) 检查票据登记与保管情况,票据开立是否依据已核准的会计传票。

9. 备用金作业

备用金作业的稽核重点如下:

(1) 查明公司现有领用备用金的单位、保管人姓名,核定备用金用途以及领用金额。

(2) 盘点各备用金保管人手中有无结余现金及现有未报销单据金额,查明两者之和是否与核定备用金金额相符;如有不符,应查明原因。

（3）查核未报销单据是否均为最近付款而尚未办理报销手续者,如有付款日久而延迟不报销者,应特别注意查核未报销原因。

（4）查明未报销单据是否均经保管人编列清单凭以查核,所有单据是否经主管单位负责人核准,已付单据的支用性质或金额限度是否超过备用金的规定范围。

（5）查明备用金每月报销次数及金额,目前核定领用金额是否供正常周转,金额是否过大或过小。

（6）会计单位审核备用金时,对所送单据是否逐笔审核后加盖日期戳,以防重复报销。

（7）备用金保管存放处所是否安全。

10. 会计报表作业

会计报表作业的稽核重点如下：

（1）会计报表中资产、负债、所有者权益、收入、费用各科目的分类及表达是否正确、适当。

（2）应收账款是否均为应收销货客户所欠账款,因非正常事项而发生的其他应收款项是否分开列示。

（3）已无使用价值的固定资产是否按账面价值转列其他资产予以处理或变卖,无变卖价值者是否经主管单位核准后冲销。

（4）因持有有价证券而取得股票股利或资本公积转增股本而配发股票者,是否依有价证券的类别分别注明所增加的股数,并按加权平均法计算每股平均单位成本。

（5）存货中原材料、辅料、在产品、产成品及进货成品是否在会计报表中分别列示,如系瑕疵品、过时品、废品或已不适用部分,是否依净变现价值评估并确认跌价损失,于存货项下减除。

（6）固定资产是否依使用年限按期提取折旧费。

（7）折旧或摊销的计算是否保持前后一致,有修正变更必要者,有无客观依据及充分理由并在会计报表中做充分的表达。

（8）资本支出与费用支出的划分是否根据确定的原则前后保持一致。

（9）牵涉外币交易发生的汇兑损益是否列为营业外收支,并依会计准则的规定办理。

（10）为促销产品的广告费支出,其未来经济效益难以确定者,是否列作当期费用。

（11）利息支出如何列账,如采用利息资本化作业,其要件是否符合一般公认会计准则。

（12）应收账款是否按期提取备抵坏账,有无分析应收账款的账龄,提取备抵坏账的比例或金额是否适当。

（13）对于或有负债及承诺是否依估计金额列账，金额无法估计者，是否在会计报表附注中披露其性质及估计金额或说明无法合理估计的事实。

（14）所得税是否预估列账、补缴或退回税款，是否列作当期损益，预估暂缴、改正估计与结算申报是否依对公司最有利的方法处理。

11. 会计处理作业

会计处理作业的稽核重点如下：

（1）会计事务的处理有无违反会计制度及一般公认会计准则。

（2）会计科目的应用是否适当，是否符合会计制度的规定。

（3）会计凭证、账簿、报表的设置是否符合会计制度的规定。

（4）过渡科目是否及时清理。

（5）各项递延费用的摊销、递延收益的转列是否按期进行。

12. 一般费用报销作业

一般费用报销作业的稽核重点如下：

（1）有关应付费用的原始单据、凭证与账簿中应付费用的内容及金额是否相符。

（2）依应付费用明细表的内容，就本期发生的应付费用增减变化较大者予以详查，有无多列或少列；为确定余额的正确性，必要时发函求证。

（3）如有逾法定或规定付款期限而尚未支付的费用，应查明未付原因。

（4）年度终了后至结账日止应付费用的支付情况是否正常，是否查明未付原因。

（5）调阅原始凭证及核准文件，查明预付费用是否均经核准备案，原始凭证所列金额是否与账列数相符。

（6）有无属于当期费用而未冲转仍列为预付费用，查明其未及时冲转的原因。

（7）各项费用的报支应查核原始凭证的内容、金额是否正确，是否经过核准程序，与列账金额、事由是否相符。

（8）公司是否依规定确实审核各单位报支的费用。

13. 营业外收支作业

营业外收支作业的稽核重点如下：

（1）外币折合部分应抽查汇兑损益的原始凭证，核对按当时汇率换算的金额是否正确，其认定是否依外币换算的会计处理方法办理。

（2）对于金额较大且性质特殊的其他收益，应调阅原案查明详情及计算金额是否正确。

（3）根据长短期合约及明细表，查核利息计算是否正确，借款利息是否照约定支付。

（4）对于金额较大且性质特殊的其他损失，应调阅原案查明详情及计算金额是否正确。

14. 福利费管理作业

福利费管理作业的稽核重点如下：

（1）福利费收支账目、原始凭证、收支日期、金额与规定是否相符。

（2）福利费提取、结余、保管及使用是否合适。

15. 税收及规费作业

税收及规费作业的稽核重点如下：

（1）税收单据与明细账是否相符。

（2）符合条例的税收减免项目是否依照规定办理。

（3）滞纳金或罚款的支出有无过失责任。

16. 凭证作业

凭证作业的稽核重点如下：

（1）调阅外来原始凭证，查核数据有无错误，有无有关人员签章，与法律规定及会计制度规定是否相符。

（2）记账凭证所用会计科目是否适当，摘要说明是否完备，是否根据合法的原始凭证编制，内容是否与原始凭证相符，记载是否齐全，有无计算、书写错误而未依规定更正的情况。

（3）收支传票经出纳执行收付款后，有无在传票及原始凭证上加盖付讫章。

（4）凭证是否以系统方式归档，指定专人保管，并依法定期限保存。

17. 所有者权益作业

所有者权益作业的稽核重点如下：

（1）核算股东股本在本期内的增减变动情形。

（2）核算已付及未付股利是否与原列应付股利种类相符。

（3）抽查已付股利股东是否与股东名册所载的姓名相符。

（4）如有盈余，是否依公司法及公司章程提取公积金，派发股利、董监事酬金、员工红利等。

（5）公司在本期如办理增资，应调阅主管机关核准增资的文件。

（6）查核股东更换印鉴、股票过户、挂失等是否依照有关规定办理。

（7）久未领取的股利，应查核原因。

（8）资本公积是否仅用于增资或弥补亏损。

（9）若有空白股票，应做实地盘点，并确定其保管是否安全妥当。

18. 印鉴及支票使用作业

印鉴及支票使用作业的稽核重点如下：

（1）查核支票印鉴是否由有关主管共同保管，其内容是否合理合规，印鉴是否真实有效。

（2）支票开立后，是否送有关主管亲自核阅并加盖印章，或由他人代为保管加盖印章。

（3）作废的支票是否注明作废并按全联保管，同时查核发票作废的理由。

（4）空白支票与已用支票的编号是否前后衔接；盘点未用支票编号有无跳漏、领用张数有无短缺。

（5）票据及银行账户的印鉴式样是否通过批准备案。

（6）有无预开空白支票的情况。

第九节　投资循环的稽核

单位投资工作与融资工作一样，是单位财务工作的重要内容，本节主要说明投资循环稽核的工作重点。

1. 投资评估作业

投资评估作业的稽核重点如下：

（1）所有投资活动是否依权责主管核准后办理。

（2）股权投资总额与作业程序是否符合公司法的规定。

（3）长期投资是否经评估及效益分析。

（4）短期投资是否具有变现性及流动性。

（5）其他。

2. 买卖作业

买卖作业的稽核重点如下：

（1）各项投资的取得与处分是否依规定程序核准后办理。

（2）购买各项金融产品是否经比价、询价过程。

（3）购入的有价证券是否有会计记录详细内容。

（4）中途解约或到期，出纳是否将相关资料转会计入账。

（5）处分所得款项是否如期缴交财务部门。

（6）复核证券交易损益，核对出售证券成交单、交易完税凭证及所得税申报资料。

（7）其他。

3. 保管、异动作业

保管、异动作业的稽核重点如下：

（1）有价证券存入、借出、返还、领出是否随时登记。

（2）逾期未返还的，经管人员有无进行追查。

（3）经管人员追回有价证券时，是否将此情况呈报。

（4）是否按期收回本金、领取利息或股利。

（5）到期是否向金融机构办理领回本金。

（6）各项有价证券有无专人分别管理。

（7）其他。

4. 盘点、抵押作业

盘点、抵押作业的稽核重点如下：

（1）是否按规定办理有价证券盘点作业。

（2）盘点有差异时，是否将情况反映给权责主管并加以改善。

（3）有价证券若需抵押，是否获准后按规定办理。

（4）抵押解除时，是否办理抵押注销手续并将有关资料分送相关单位。

（5）实地盘点有价证券并检验所有权是否确属公司。

（6）其他。

5. 申报、公告作业

申报、公告作业的稽核重点如下：

（1）各项投资的取得与处分是否按规定进行公告。

（2）投资股权超过标准者是否按规定公告、申报抄送或聘请专家评估。

（3）其他。

6. 会计处理作业

会计处理作业的稽核重点如下：

（1）有价证券应视作现金，其保管及入账是否由不同人员担任。

（2）有价证券的记录是否属实。

（3）有价证券取得的手续是否完备。

（4）有价证券期末评估是否正确。

（5）长短期投资科目划分是否适当。

（6）是否按长期股权投资会计处理准则处理投资业务。

(7) 取得有价证券明细表,与会计明细账核对是否相符。

(8) 查核账载进出总额,并与当期证券买卖情况相互印证。

(9) 确定结账日有价证券的市场价格。

(10) 其他。

第十节　固定资产循环的稽核

一、固定资产循环稽核的内容

对固定资产循环的稽核,最主要的是稽核单位整体的财产管理状况,即要稽核财产管理组织状况、资本性支出管理状况、工程建设状况、财产管理控制状况、财产管理效能等。

(1) 财产管理组织状况稽核的内容包括:单位如何有组织地从事财产需求的研究,单位有无制定财产管理政策及程序,单位有无专设的建造单位,单位有无明细的财产记录,单位有无明确的财产管理人员职务说明书,单位对建造活动的控制、财产的收验、财产变动的授权、财产保管与维护、折旧政策与程序等是否有效,单位对财产有无计划管理及其效果如何等。

(2) 资本性支出管理状况稽核的内容包括:单位对资本性支出是否制订适当的、可行的计划;单位是否制定具体的资本性支出实施方案,其批准程序是否合理;方案执行是否严格控制、有无记录、有无结果报告、是否有效;有无超时、超经费预算的情况;有无随意变更计划方案的现象,如有,原因何在。

(3) 工程建设状况稽核的内容包括:委托外部工程建设决策程序如何,如何选择建设单位,合同条款考虑是否充分;如何控制工程进度、工程支出与工程质量;如何处理违约工程及未达到质量标准的工程;如何控制在建工程;建设合同变更有无正当理由,如何追究违约责任等。

(4) 财产管理控制状况稽核的内容包括:设备是否妥善保管以免损坏,是否仔细考虑维护成本;安全措施是否完备,是否权衡风险程度与成本支出;各项设备添置是否发挥其最大效能,各项设备有无使用不当;各项设备是否经编号管理或钉牌识别;各项财产增减变动及结存记录是否正确;财产转移、报废是否依适当程序办理;财产外借有无控制程序,比如有无记录、到期是否收回、是否收取租金、损坏是否赔偿等;各项财产记录是否由第三方定期进行盘查核对;是否定期或不定期地进行财产清点,清点中发现的差异是否认真处理。

(5)财产管理效能稽核的内容包括:财产管理政策中是否强调应谨慎决定需求,设备购置是否依其重要性决定批准程序,维护与管制各类财产的政策及程序是否完备;各种设备是否充分发挥效能,有无设备不足而影响生产力,有无设备过剩而造成浪费;财产管理人员的能力是否符合职责的需要,其工作效率与效果是否令人满意。通过上述稽核,明确在设备利用上有无重大困难及如何解决,效能与效率是否尚待增进及如何增进。

二、固定资产循环稽核的工作重点

1. 固定资产取得及折旧作业

固定资产取得及折旧作业的稽核重点如下:

(1)固定资产的取得是否依规定程序办理,并填制固定资产验收单及固定资产登记卡。

(2)资本支出与费用支出的划分是否正确。

(3)折旧计算是否正确,前后是否一致,有无固定资产已出售或报废但仍计提折旧的现象。

2. 固定资产修理及维护作业

固定资产修理及维护作业的稽核重点如下:

(1)有无将资本支出列为费用支出,或将费用支出列为资本支出。

(2)有无将某项大修工程预算移作他项财产的修理维护费用。

(3)各部门、各项设备的修理维护费用有无异常之处,并追查原因。

(4)其他。

3. 固定资产报废、出售作业

固定资产报废、出售作业的稽核重点如下:

(1)固定资产报废、出售时,是否填写固定资产减损单,是否说明理由及资产使用情况、目前价值等,并呈准后办理。

(2)未达原定使用年限而予报废者,虽经负责人核准,仍应分析其原因。

(3)因盗窃或灾害而报损的资产,应查核有无失职疏忽之责以及如何防范。

4. 固定资产抵押出租或出借作业

固定资产抵押出租或出借作业的稽核重点如下:

(1)固定资产若需抵押,是否填写财物抵押申请单,并呈准后办理。

(2)抵押权解除后,财务部门是否主动向有关单位办理注销申请并将固定资产有关资料分送相关部门。

(3)固定资产在公司内部相互转移时,移出部门是否填写固定资产调拨单,并呈准后办理。

（4）固定资产拟出租或外借时,是否已递交详细理由并呈准后办理,应收租金是否依合约规定按时收取,金额是否相符。

5. 闲置固定资产作业

闲置固定资产作业的稽核重点如下：

（1）闲置固定资产范围的界定是否符合规定。

（2）固定资产发生闲置时,使用部门是否详细填写闲置固定资产处理表,并会同相关部门呈准后办理。

（3）会计单位是否将闲置固定资产转入非营业资产。

6. 工程作业

工程作业的稽核重点如下：

（1）工程发包是否均依核准程序办理,并填具申请单,有无事先编列预算,是否均为业务需要,发包申请内容是否具体、完整。

（2）抽查工程个案,核对委托申请书、设计图、工程施工说明书、预算明细表等文件是否相符,是否配合工程预算进行。

（3）核对工程自招标、比价、发包至订约过程中,有关资料是否与预算配合。

（4）合约内容是否与开标内容相符,有关合约条款及罚则是否适当、合理。

（5）发包工程款的支付是否依约核付,预付工程款、在建工程等科目明细账与总账是否相符。

（6）完工决算与工程预算有无差异,如有差异,查明原因。

（7）查阅监工日志,其记录内容与有关资料是否相符,监工报告是否经确定检验后填报,对于达约或异常情况,是否随即据实报告。

（8）工程验收是否由各有关单位按合约办理,检验不合格者是否通知修缮或依约罚款。

（9）工程完工后,投资收益是否进行追踪分析并与预算比较。

7. 投保作业

投保作业的稽核重点如下：

（1）固定资产的投保范围、投保申请、续保、灾害索赔等,有无依规定办理。

（2）进口固定资产的投保是否依规定办理,保费计算是否正确。

（3）固定资产是否依单位规定办理投保,投保手续是否完备,金额是否足够,保费计算是否正确。

复习题

1. 什么是内部稽核？内部稽核和内部审计是不是一回事？
2. 内部稽核有哪些方面的职责？内部稽核包括哪些范围？
3. 内部稽核的程序和方法包括哪些内容？
4. 什么是会计错误？什么是会计舞弊？两者有何区别？
5. 如何进行会计错误和会计舞弊的稽核？
6. 简述销货及收款循环稽核的内容。
7. 简述采购及付款循环稽核的内容。
8. 简述生产循环稽核的内容。
9. 简述工资循环稽核的内容。
10. 简述融资循环稽核的内容。
11. 简述投资循环稽核的工作重点。
12. 简述固定资产循环稽核的内容。

思考设计题

1. 内部稽核人员应具备哪些技能？管理层对内部稽核的功能有何期望？
2. 未来的内部稽核需要何种人才？
3. 请从内部稽核的角度出发，说明以下所示凭证是否完整、全面，是否需要删减或补充，如需要，请指出。

转账凭证

出纳编号：

年　月　日　　　　　　　　　制单编号：

对方单位	摘要	借方		贷方		金额										记账符号	
		总账科目	明细账科目	总账科目	明细账科目	千	百	十	万	千	百	十	元	角	分	借	贷

记账：　　　　　　　　　　　出纳：　　　　　　　　　　　领缴款人：

主要参考资料

[1] 陈艳利.会计制度设计[M].3版.北京:中国人民大学出版社,2021.

[2] 董惠良.企业会计制度设计[M].5版.上海:立信会计出版社,2017.

[3] 贺宏.财务报表列报准则:进展、评述与思考[J].财会月刊,2022(6):65-70.

[4] 李端生,王玉兰.会计制度设计[M].7版.大连:东北财经大学出版社,2020.

[5] 李凤鸣.会计制度设计[M].6版.上海:复旦大学出版社,2020.

[6] 李建军,杨阳,李逸璞,等.公立医院DRG成本管控体系的应用研究[J].会计之友,2020(16):31-37.

[7] 李昕凝,刘梅玲,钱维娜,等.智能财务建设之制度设计与管理[J].会计之友,2020(18):146-149.

[8] 卿放,方浩宇.DRGs支付方式下我国公立医院成本控制研究[J].会计之友,2022(10):89-98.

[9] 孙光国,陈艳利,刘英明.会计制度设计[M].6版.大连:东北财经大学出版社,2020.

[10] 孙茂竹,于富生.成本与管理会计[M].2版.北京:中国人民大学出版社,2018.

[11] 唐立新.工科院校《会计制度设计》特色教材建设的思考[J].中国乡镇企业会计,2011(9):174.

[12] 唐立新.企业内部控制评价百分制法[M].北京:冶金工业出版社,2011.

[13] 唐立新.会计制度设计[M].北京:北京大学出版社,2012.

[14] 唐立新,肖敦锋.内部控制评价方法浅探:基于《企业内部控制配套指引》的思考[J].财会通讯,2012(4):21-22.

[15] 杨真真,唐大鹏."十四五"时期政府部门内部控制建设研究[J].财政科学,2021,70(10):49-56.

[16] 中华人民共和国财政部.行政事业单位内部控制规范(2017年版)[M].上海:立信会计出版社,2017.

［17］中华人民共和国财政部.小企业内部控制规范（试行）［M］.上海：立信会计出版社，2017.

［18］中华人民共和国财政部.小企业会计准则（2020年版）［M］.上海：立信会计出版社，2020.

［19］中华人民共和国财政部.政府会计准则制度解释第2号［J］.财务与会计，2020（2）：82-85.

［20］中华人民共和国财政部.企业会计准则汇编［M］.北京：经济科学出版社，2021.

［21］中华人民共和国财政部.企业会计准则主要业务与会计处理实务（2021年版）［M］.北京：人民邮电出版社，2021.

［22］中华人民共和国财政部.企业内部控制基本规范：企业内部控制配套指引（2021年版）［M］.上海：立信会计出版社，2021.

［23］张新民.关于企业会计准则改革的若干思考［J］.北京工商大学学报（社会科学版），2019，34（1）：1-8.

教辅申请说明

北京大学出版社本着"教材优先、学术为本"的出版宗旨，竭诚为广大高等院校师生服务。为更有针对性地提供服务，请您按照以下步骤通过**微信**提交教辅申请，我们会在1~2个工作日内将配套教辅资料发送到您的邮箱。

◎ 扫描下方二维码，或直接微信搜索公众号"北京大学经管书苑"，进行关注；

◎ 点击菜单栏"在线申请"—"教辅申请"，出现如右下界面：

◎ 将表格上的信息填写准确、完整后，点击提交；

◎ 信息核对无误后，教辅资源会及时发送给您；如果填写有问题，工作人员会同您联系。

温馨提示：如果您不使用微信，则可以通过以下联系方式（任选其一），将您的姓名、院校、邮箱及教材使用信息反馈给我们，工作人员会同您进一步联系。

联系方式：

北京大学出版社经济与管理图书事业部

通信地址：北京市海淀区成府路205号，100871

电子邮箱：em@pup.cn

电　　话：010-62767312

微　　信：北京大学经管书苑（pupembook）

网　　址：www.pup.cn